la cuisine **moléculaire** à la maison

La physique culinaire sort du laboratoire pour entrer dans votre cuisine

Jozef Youssef

MARABOUT

Publié pour la première fois au Royaume-Uni en 2013 sous le titre
Molecular cooking at home par Quintet Publishing Ltd.

43, quai de Grenelle, 75905 Paris Cedex 15

Traduction : Anne-Claire Levaux
Relecture technique : Christine Liénard
Mise en pages : Gérard Lamarche

Achevé d'imprimer en Chine par 1010 Printing International Limited
en novembre 2013.

ISBN: 978-2-501-09127-5
41.3897.0
Dépôt légal : avril 2014

sommaire

préface de Hervé This

Aimons nos invités !

Une préface doit dire pourquoi un livre est merveilleux. Et, bien évidemment, tous les mots de ce livre me plaisent. Au début des années 1980, l'un de mes objectifs était de moderniser la manière dont nous cuisinons. Poêles, fouets, manuels et autres ustensiles de cuisine traditionnels étaient démodés. Ils existaient depuis des siècles et personne ne se demandait s'ils étaient efficaces. La tradition est devenue répétitive, peu analysée et remise en question. Dans les années 1980 donc, en regardant les outils de mon laboratoire de chimie (évaporateurs rotatifs, sondes à ultrasons pour préparer des émulsions, machines à moudre, appareils de distillation, filtres, etc.), je me suis demandé pour quelle raison ils n'étaient pas utilisés en cuisine. Après tout, les mêmes processus sont réalisés dans un laboratoire ou dans une cuisine, mais les chimistes utilisent des outils plus modernes et plus efficaces. C'est ainsi qu'est née la cuisine moléculaire que l'on peut définir comme la cuisine avec des outils ou des techniques modernes.

La raison pour laquelle je suis tellement satisfait par ce livre est qu'il répond totalement à mes attentes : équiper chaque cuisine d'outils modernes pour faciliter la cuisine, la rendre plus efficace, éviter de perdre du temps et de l'énergie à des tâches inutiles. On ne trouve pas encore des siphons ou de l'azote liquide dans chaque foyer, mais des progrès importants ont été réalisés et se poursuivent. Nous devons convaincre les fabricants de vendre de nouveaux équipements pour les cuisiniers amateurs qui soient peu chers, efficaces et pratiques.

C'est le plaisir que je retire de ce livre, personnellement, mais qu'est-ce qui importe aux lecteurs ? S'ils cuisinent, s'ils aiment cuisiner, c'est qu'ils sont du bon côté de

l'humanité car ils souhaitent faire plaisir à leurs invités. C'est pour cela que cette préface est importante : non pas pour expliquer pourquoi ce livre est excellent (ce qui est bien le cas), mais pour essayer de se projeter dans un futur encore plus brillant que le présent.

Imaginez que vous avez lu ce livre du début à la fin, que vous avez appris de nouvelles techniques, découvert de nouvelles méthodes, de nouveaux outils. Vous êtes maintenant véritablement entré dans le 21e siècle, mais comment pouvez-vous améliorer vos compétences culinaires ? Vous pouvez explorer de nouvelles techniques, mais c'est une autre histoire. Pour le moment, je préfère montrer que la cuisine englobe l'amour, l'art et la technique.

La technique en elle-même n'est pas un but. Elle est là pour permettre à l'artiste de produire des chefs-d'œuvre. Voici une comparaison qui devrait vous aider à comprendre ce que je veux dire. Imaginez que vous êtes un pianiste et que vous vous êtes entraîné à déplacer vos doigts très rapidement et très précisément sur le clavier d'un piano. Si vous n'avez pas une mélodie en tête, il n'y aura pas de musique du tout. La musique ne se trouve pas dans vos doigts, mais dans vos émotions et vos sensations. Imaginez maintenant que vous êtes non seulement un bon technicien, mais aussi un artiste doué. Ces qualités sont-elles suffisantes ? Non, car si vous jetez une œuvre d'art à la tête de vos invités, elle ne sera pas « belle ». L'important est de rendre les gens heureux. Si vous jetez la nourriture à la tête de vos invités, ils ne seront pas heureux, même si le plat est magnifiquement conçu et préparé.

Dans la vie, tout est question d'amour. En cuisine, la principale interrogation est « comment dire "Je t'aime" grâce à la nourriture ? ». C'est ce que je veux vous apprendre.

avant-propos de Charles Spence

L'époque actuelle est particulièrement excitante pour ceux qui ont la chance de travailler à la pointe de la recherche et de la pratique gastronomiques. D'un côté, les chercheurs en neurosciences cognitives commencent à découvrir les règles grâce auxquelles le cerveau humain combine les informations de chacun des sens pour délivrer les saveurs et les textures des aliments et boissons que nous connaissons et apprécions tous (Spence & Piqueras-Fiszman, à paraître). Les enseignements de ces recherches, souvent appelées « neurogastronomie » (Shepherd, 2012) ou « gastrophysique », sont aujourd'hui utilisés par de nombreux jeunes chefs de la nouvelle génération prometteuse, qui s'inspirent de pionniers du mouvement de la cuisine moderne tels que Ferran Adrià en Espagne et Heston Blumenthal au Royaume-Uni et sont bien souvent passés par leurs cuisines. C'est d'ailleurs lorsqu'il travaillait dans les cuisines du restaurant The Fat Duck que j'ai rencontré Jozef Youssef, un jeune chef qui était manifestement passionné par l'idée d'exporter les ustensiles et techniques des cuisines modernistes aux quatre coins du globe et de les combiner avec les ingrédients et techniques surprenants de ces différentes régions.

Il est vrai que la plupart des techniques de cuisine moderniste peuvent être intimidantes pour les cuisiniers amateurs, sans parler de la nécessité d'investir dans des équipements parfois extrêmement coûteux (voire même dans des livres de cuisine hors de prix, voir Blumenthal, 2008). Je suis donc particulièrement satisfait de voir que Jozef a réussi le pari de rendre accessible au plus grand nombre l'approche moderniste de la cuisine. Les différentes techniques de base qu'il présente ne nécessitent qu'un minimum d'investissement en terme d'achat d'équipement neuf ou d'ingrédients peu courants. Qui plus est, et c'est la première fois que je vois cela dans un livre, elles sont expliquées de manière que tout chef un peu audacieux puisse les comprendre. Par ailleurs, et je suis certain que vous serez du même avis que moi, les photographies qui accompagnent les textes sont à la fois belles et évocatrices. Cela donne envie de maîtriser les techniques pour préparer tous ces plats et créer ces spectacles absolument stupéfiants, aussi agréables à contempler qu'intensément parfumés. Le livre de Jozef pourra certainement figurer sans pâlir aux côtés de ceux de Harold McGee, notamment *The Curious Cook*, classique paru en 1990 sur la science de la cuisine, destiné aux chefs désireux de maîtriser la science culinaire.

De mon point de vue de psychologue intéressé par les sens, la nourriture et les boissons sont ce qu'il y a de plus multisensoriel, en stimulant le goût, l'odorat, le toucher, la vision, l'ouïe et même, dans certains cas, la douleur (pensez par exemple à la brûlure agréable du piment ou à l'attaque soudaine du wasabi au niveau du nez). Si vous négligez l'un de ces éléments sensoriels, vous risquez de rater votre plat. Ferran Adrià a parfaitement retranscrit cette idée : « La cuisine est l'art le plus multisensuel. J'essaie de stimuler tous les sens. » Je suis également très content de voir qu'à la fin du livre, Jozef guide le lecteur à travers les différents sens et explique comment ils contribuent, ensemble, à retranscrire le goût délicieux des aliments. Dans les pages qui suivent, cher lecteur, l'art et la science de la cuisine moderniste vous sont expliqués de manière simple et accessible.

La recherche sur la perception multisensorielle des saveurs pose plusieurs questions d'ordre psychologique et philosophique. Mes propres recherches sur la perception des saveurs, réalisées pour la plupart en laboratoire, ont grandement bénéficié de mes travaux avec les confrères de Jozef et d'autres jeunes chefs enthousiastes et talentueux, qui possèdent à la fois l'imagination et la créativité pour utiliser tout ce que la neuroscience a à offrir et à en faire quelque chose de terriblement satisfaisant pour le palais (et les yeux !). Ces chefs inventifs créent de nouvelles sensations culinaires qu'aucun convive n'a jamais expérimentées, ou le surprennent en préparant des plats qui semblent être une chose, mais en sont une autre (par exemple, les sphères de mangue, page 46, qui ressemblent à s'y méprendre à des jaunes d'œufs coulants). Plus important encore sur le long terme, le défi pour nos plus grands chefs, et pour les maisons de création d'arômes et de saveurs qui les soutiennent bien souvent dans leurs travaux, est de réussir à préserver les goûts et saveurs des aliments que nous connaissons et apprécions tous tout en réduisant leur teneur en ingrédients mauvais pour la santé comme le sel, le sucre et les graisses. Je suis absolument convaincu que le meilleur des découvertes réalisées dans les cuisines des chefs modernistes aura le potentiel pour améliorer les aliments que nous mangeons au quotidien. J'ai bon espoir que l'approche translationnelle de la cuisine moderniste mise en avant dans ce livre aura un impact positif sur la plupart des expériences multisensorielles qui vont de pair avec la consommation d'aliments et de boissons qui est, après tout, l'un des plus grands plaisirs de la vie. Comme Brillat-Savarin l'a si intelligemment dit il y a plus de deux siècles, « le plaisir de la table est de tous les âges, de toutes les conditions, de tous les pays et de tous les jours ; il peut s'associer à tous les autres plaisirs, et reste le dernier pour nous consoler de leur perte. »

Professeur Charles Spence
Directeur du Crossmodal Research Laboratory, université d'Oxford, Royaume-Uni

introduction

Vous avez donc décidé de vous aventurer sur la grande avenue de la gastronomie moléculaire ! Comme pour toutes les techniques de cuisine, il suffit de posséder quelques connaissances, quelques outils et beaucoup de patience. Le terme « gastronomie moléculaire » peut paraître impressionnant, et certaines méthodes modernes montrées à la télévision et dans des livres peuvent sembler compliquées si vous ne les avez pas encore testées. Mais une fois que vous aurez commencé à lire ce livre et à mettre en pratique certaines techniques, vous vous rendrez compte que la cuisine moderne est aussi simple que toute autre forme de cuisine une fois intégrés les principes fondamentaux.

Avant d'aller plus loin, il est important de comprendre ce qu'est la gastronomie moléculaire. Démystifions ce terme et donnons-nous une meilleure idée de ce qu'elle est et d'où elle vient afin de mieux comprendre le voyage culinaire qui nous attend. Revenons donc au moment où tout a commencé...

L'appréciation de la nourriture commence bien avant le goût – la présentation est un élément clé de la gastronomie moléculaire.

Brève histoire de la science des aliments

Dans l'Antiquité, les Grecs considéraient déjà l'alimentation comme une science et accordaient une grande importance à ses propriétés médicinales. Cette manière de lier la nourriture à la santé est toujours d'actualité. Nous connaissons parfaitement les apports nutritionnels des aliments que nous consommons et l'influence qu'ils ont sur notre santé. La science des aliments que nous allons étudier concerne davantage l'étude des techniques de cuisine et de notre compréhension des réactions physiques et chimiques qui se produisent lorsque nous cuisinons.

Vous pensez peut-être que les chefs actuels sont les premiers à faire le lien entre la cuisine et la science. C'est faux puisque des découvertes réalisées au 18e siècle ont été les premières à véritablement influencer la manière de cuisiner. Voici quelques avancées majeures dans l'étude de la science des aliments :

Années 1700 : L'un des premiers noms importants de l'histoire de la science moderne des aliments est celui du scientifique français Antoine-Laurent de Lavoisier, considéré comme le père de la chimie moderne. Il a conçu le système métrique, nommé l'oxygène et l'hydrogène, dressé la première liste complète des éléments et étudié le processus de préparation du bouillon en mesurant sa densité pour évaluer sa qualité. Il écrivit à propos de ses découvertes : « Lorsque l'on considère les objets les plus familiers, les choses les plus simples, il est impossible de ne pas être surpris de voir comme nos idées sont vagues et incertaines, et comment, en conséquence, il est important de les fixer par des expériences et des faits. »

Le grand chef Marie-Antoine Carême, qui a introduit un style de cuisine plus élaboré, appelé grande cuisine (le « grand art » de la cuisine française), et qui a été chef pour l'empereur Napoléon Bonaparte, le roi britannique George IV lorsqu'il était Prince régent et le Tsar de Russie, avait également une approche scientifique de la cuisine. À propos du bouillon, il a déclaré : « Le bouillon doit venir à l'ébullition très lentement sinon l'albumine coagule, se durcit ; l'eau n'ayant pas eu le temps nécessaire de pénétrer la viande empêche la partie gélatineuse de l'osmazôme de s'en dégager. »

À la même époque environ, Sir Benjamin Thompson, Comte de Rumford, physicien né aux États-Unis qui a étudié la fabrication de cheminées et d'ustensiles de cuisine, s'est attaché à améliorer la compréhension par les chefs de leurs travaux et ustensiles. Il a également inventé le bain-marie, une cuisinière et une cafetière à filtre.

Anthelme Brillat-Savarin

Années 1800 : En 1825, la parution de la *Physiologie du goût* de Jean Anthelme Brillat-Savarin constitue une étape marquante pour la littérature culinaire. Cette œuvre aborde à la fois la science et la philosophie culinaires. C'est un recueil d'anecdotes et d'essais sur des sujets tels que la chimie, la physiologie et la nutrition, en passant par l'obésité, l'appétit, la gourmandise, la digestion, les rêves, la friture et même la mort. Il est toujours publié aujourd'hui, et bien qu'il ait été prouvé que la majorité des idées (notamment celles sur la science des aliments) sont fausses, son importance dans l'histoire de la cuisine reste inchangée.

C'est à peu près à la même époque que Justus von Liebig, un chimiste allemand de renom, a mis au point une méthode de production de l'extrait de bœuf à visée commerciale, précurseur des cubes de bouillon vendus aujourd'hui. Il est également à l'origine de l'un des plus grands mythes de la cuisine à travers le monde : saisir la viande rapidement à température élevée permettrait de conserver les jus (mais cela est faux !). La théorie, publiée en 1847 dans son livre *Researches on the Chemistry of Food*, a été réfutée il y a longtemps, mais de nombreux chefs et émissions de télévision continuent de la propager.

Au tournant du 19e siècle, le scientifique et écrivain culinaire français Édouard de Pomiane s'est attaché à briser certains mythes culinaires et à démythifier la cuisine grâce à la science. Il a étudié les principes scientifiques sous-jacents à différentes techniques traditionnelles et exploré les processus chimiques qui se produisent dans son livre *Cooking with Pomiane*.

Années 1900 : Au cours de la dernière partie du 20e siècle, Nicholas Kurti, un physicien né en Hongrie spécialisé dans la physique à basse température, a présenté une émission de télévision au Royaume-Uni intitulée *Le physicien en cuisine*. Diffusée par la BBC en 1969, cette émission est considérée comme un tournant de la science culinaire britannique moderne car elle présente pour la première fois la relation entre la science et la cuisine aux foyers britanniques. Dans une émission, Kurti a surpris l'audience en utilisant une invention récente, le micro-ondes, pour préparer une omelette norvégienne – une coque de meringue surgelée avec une garniture chaude. Il dit alors : « Je trouve cela triste de constater que notre civilisation est capable de mesurer la température de l'atmosphère de Vénus et met en pratique cette compétence, alors que nous ne savons pas ce qui se passe à l'intérieur de nos soufflés. »

En tant que physicien chevronné et grand amateur de cuisine, Kurti a joué un rôle clé dans le développement de la gastronomie moléculaire, et ses travaux avec le scientifique français Hervé This ont contribué à organiser et à promouvoir l'étude de la science culinaire.

Auparavant, la recherche en science des aliments se concentrait sur des domaines tels que la sécurité alimentaire, la microbiologie, la conservation, la chimie, l'ingénierie et la physique. La plupart des études étaient réalisées par de grands fabricants de l'agroalimentaire désireux d'améliorer la qualité, l'apparence, le goût et la durée de conservation en rayon de leurs produits, ou par des biologistes et scientifiques pour qui la cuisine était un hobby. Mais la cuisine en elle-même n'avait jamais été considérée comme un domaine scientifique sérieux. Pour Hervé This, « la cuisine a été le dernier des "arts chimiques" à devenir un objet d'examen scientifique et elle repose toujours sur des connaissances anecdotiques et symboliques plutôt que sur des éléments scientifiques solides ».

En 1984, la première véritable bible de la science culinaire a été publiée : *On Food and Cooking – The Science and Lore of the Kitchen*, de Harold McGee. Les informations culinaires scientifiques et historiques présentées dans ce livre ne ressemblaient à rien d'autre ayant déjà été

Frontispice du *Pâtissier royal parisien*, livre de cuisine rédigé en 1815 par Marie-Antoine Carême.

publié, ni à ce qui fut publié dans les décennies suivantes. Il reste un incontournable pour les chefs amateurs et professionnels.

Qu'est-ce que la gastronomie moléculaire ?

Au départ, Nicholas Kurti appelait ce domaine d'étude « science et gastronomie ». Toutefois, lorsqu'il organisait le premier atelier avec Hervé This afin de rassembler chefs et scientifiques, on leur a demandé de trouver un titre plus scientifique. La solution qu'ils ont proposée, « gastronomie moléculaire et physique », a plus tard été raccourcie en « gastronomie moléculaire ».

Et donc, qu'est-ce que la gastronomie moléculaire ? C'est un domaine d'étude qui examine les réactions chimiques et physiques ainsi que les transformations qui se produisent lorsque l'on cuisine. À ce stade, il est important d'éclaircir une chose importante : en cuisine, tout est science. Des principes scientifiques sont à l'œuvre derrière chaque action, que ce soit faire bouillir de l'eau pour le thé ou le café, faire cuire un steak, des pâtes, un œuf, congeler une glace, etc.

Hervé This avait initialement défini les cinq principaux objectifs dans le domaine de la gastronomie moléculaire dans sa thèse de doctorat :

1. Recueillir et étudier les dictons culinaires.
2. Modéliser et examiner les recettes existantes.
3. Introduire de nouveaux outils, produits et méthodes en cuisine.
4. Inventer de nouveaux plats en utilisant les connaissances acquises grâce aux trois premiers points.
5. Utiliser l'attrait de la nourriture pour promouvoir la science.

Il a depuis redéfini la gastronomie moléculaire comme « une branche précise de la chimie physique, qui s'intéresse aux mécanismes des phénomènes qui se produisent lors de transformations culinaires ». Quelle que soit la définition technique, les plats créés grâce aux techniques scientifiques expliquées dans ce livre sont délicieux, innovants et divertissants, qu'ils soient qualifiés de « gastronomie moléculaire », « cuisine moléculaire » ou « cuisine moderniste ».

Évolution populaire de la gastronomie moléculaire

Au milieu des années 2000, les médias du monde entier se sont mis à utiliser l'expression « gastronomie moléculaire » pour définir un nouveau style de cuisine qui émergeait. Quelques restaurants expérimentaient cette nouvelle approche et se concentraient sur l'utilisation de principes scientifiques pour améliorer la qualité, la saveur et l'esthétique de leurs plats. Cette approche est devenue de plus en plus appréciée dans les cercles culinaires et des restaurants tels que le El Bulli de Ferran Adrià en Espagne, The Fat Duck de Heston Blumenthal en Angleterre et The French Laundry de Thomas Keller aux États-Unis ont reçu parmi les meilleures récompenses, ont figuré sur les listes des meilleurs restaurants au monde et gagné jusqu'à trois étoiles au guide Michelin. Les médias ont de plus en plus utilisé l'expression « gastronomie moléculaire » et ont répandu son usage pour qualifier un type de cuisine conçue utilisant des principes scientifiques et se concentrant sur la meilleure manière de préparer les ingrédients, de les associer et de présenter les plats.

Si cela a occasionné une bonne publicité au départ, au fil du temps le terme « gastronomie moléculaire » a commencé à en décourager certains et à représenter un concept trop scientifique, loin du côté naturel et biologique que beaucoup associent à la cuisine. Pour certains critiques et chefs, cette dépendance vis-à-vis de la science était contraire à ce que doit être la cuisine. Pour eux, la cuisine était un art, pas une

Le célèbre chef Ferran Adrià préparant un plat dans son restaurant El Bulli.

science. De nombreuses personnes sont restées sceptiques face à l'idée de « gastronomie moléculaire », d'autant plus qu'elle était associée à l'utilisation d'additifs étranges et méconnus comme l'azote liquide, la glace carbonique et les agents gélifiants. L'utilisation du terme par les médias l'a éloignée de sa signification première, mais la plupart des chefs qui se basaient sur des principes scientifiques se sont battus pour la sauvegarder. En 2006, Heston Blumenthal, Ferran Adrià, Thomas Keller et Harold McGee ont rédigé une déclaration commune pour informer le public sur leur travail et expliquer qu'ils ne faisaient qu'utiliser la compréhension de principes de cuisine scientifiques existants pour améliorer leurs plats.

Aujourd'hui, le terme « gastronomie moléculaire » a pris une définition très large qui englobe les plats créés grâce à une approche scientifique moderne et même une perspective psychologique et physiologique. Ces dernières années, les meilleurs chefs au monde ont consacré beaucoup de temps et d'efforts à comprendre comment nous interprétons la nourriture à travers tous nos sens, comment nous jugeons la nourriture en fonction de nos souvenirs et d'associations d'idées, et comment tout cela influence notre perception des saveurs, ce qui correspond à la « perception multisensorielle des saveurs ». De nombreuses recherches sont également effectuées sur les méthodes scientifiques d'association des saveurs, appelées « food pairing » ou « art d'associer les aliments ».

À propos de ce livre

J'espère que lorsque vous lirez ce livre, vous comprendrez mieux ce qu'est la gastronomie moléculaire, que vos fausses idées seront corrigées et que toutes vos questions trouveront une réponse. Il est important de garder en tête que tous les types de cuisine sont régis par des principes scientifiques et qu'une bonne compréhension de ces principes vous aidera à améliorer votre cuisine.

Comme je l'ai déjà dit, en cuisine, tout est science. Hervé This a consacré une bonne partie de son temps à étudier les phénomènes scientifiques qui se produisent lorsqu'un œuf est « cuit » de différentes manières. Ses recherches ont abouti à un certain nombre de découvertes, notamment comment « décuire » un œuf, comment fabriquer jusqu'à 24 litres de mayonnaise avec un seul jaune d'œuf, l'invention d'une sauce béarnaise à base de chocolat (sans beurre ni œuf), et les effets d'une cuisson prolongée (45 minutes) d'un œuf à basse température (64 °C).

L'objectif de ce livre est de vous guider à travers un certain nombre de techniques tape-à-l'œil ou impressionnantes d'un point de vue technique, qui ont été associées au concept plus connu de gastronomie moléculaire. Il devrait vous aider à comprendre

Pour la sphérification, la première étape consiste à fouetter une forme de sel appelé lactate de calcium dans de l'eau.

les principes scientifiques qui les régissent et vous donner des conseils pas à pas, des astuces et des tours de main. Certaines techniques abordées sont très perfectionnées et ne sont pas réalisables à domicile (azote liquide, Anti-griddle®, centrifugeuse, évaporateur rotatif et homogénéisateur à ultrasons), mais méritent d'être mentionnées dans ce livre.

J'ai également inclus des chapitres sur des thèmes comme l'association des aliments, la perception multisensorielle des saveurs et la présentation des plats car ce sont des sujets dont les plus grands chefs tiennent compte lorsqu'ils élaborent leurs cartes. Si vous êtes intéressé par la cuisine moderne, vous êtes donc sur la bonne voie !

Remarque sur la sécurité

Les recettes et conseils de ce livre ne constituent pas un guide exhaustif en matière de sécurité pour la cuisine moléculaire. Respectez toujours les précautions de sécurité fondamentales lorsque vous cuisinez et suivez les indications et conseils fournis par les fabricants des ustensiles utilisés. Certaines recettes contenant de la viande, de la volaille ou des œufs peuvent ne pas convenir aux jeunes enfants ou aux femmes enceintes.

Queue de bœuf tendre et pleine de saveurs, compote de pommes et légumes de saison (voir recette de base page 86).

Comment utiliser ce livre

Je vous conseille de lire le livre en totalité avant d'essayer une technique car il est important de comprendre ce que vous faites, pourquoi vous le faites et les principes scientifiques sous-jacents afin d'obtenir le résultat escompté, qui n'en sera que meilleur !

Ce livre n'est pas un livre de cuisine classique. Les recettes présentées dans les chapitres 1 à 9 constituent des guides pratiques, mais ne vous y limitez pas et, surtout, sentez-vous libres d'inventer vos propres créations culinaires modernes.

Certaines techniques sont plus simples que d'autres, et chacune fait appel à des compétences différentes. Je me rappelle la première fois où j'ai essayé de préparer des spaghettis de parmesan avec de l'agar-agar. Ce n'est qu'à la quatrième ou cinquième tentative que j'ai réussi à obtenir la consistance désirée. Pour la sphérification inversée, j'ai également dû faire plusieurs essais avant d'obtenir le résultat que j'attendais. Je vous invite donc à persévérer avec les techniques les plus complexes et à continuer à pratiquer jusqu'à l'obtention des résultats souhaités.

Il ne faut pas non plus oublier que même si vous utilisez des principes scientifiques modernes, la qualité des produits utilisés est primordiale : plus ils sont bons, plus vos plats seront bons.

Pour vous aider à obtenir les meilleurs résultats, vous aurez besoin de certains ustensiles et ingrédients spécifiques en plus de vos ustensiles habituels. Chaque chapitre présente le matériel de base nécessaire. Les ustensiles suivants, ainsi que quelques autres, vous seront très utiles.

Icônes des ustensiles

ustensiles & matériel

Ce livre vous enseigne des techniques relativement nouvelles pour la cuisine à domicile, qui donneront un certain style à vos plats. Cela signifie que vous aurez besoin d'acquérir quelques ustensiles avant de commencer. Tous ceux qui sont mentionnés ci-dessous sont vendus dans des magasins spécialisés et sur Internet dans la majorité des pays et constituent, pour la plupart, des achats abordables pour les personnes souhaitant passer au niveau supérieur en cuisine. Certaines marques sont citées car elles proposent des ustensiles de qualité et durables, utilisés par des chefs professionnels dans le monde entier. Si vous trouvez des substituts convenables, n'hésitez pas à les acquérir.

Balances électroniques : dans l'idéal, un cuisinier amateur possède deux balances électroniques. La première pour mesurer en grammes (ces balances mesurent en général jusqu'à 5 kg et permettent de peser de grandes quantités d'ingrédients solides ou liquides). La plupart permettent de mesurer les millilitres, onces, onces liquides et les grammes. La seconde balance doit mesurer au dixième de gramme près. Ces balances sont beaucoup plus précises et vous permettront de peser des ingrédients utilisés en petites quantités, par exemple les agents gélifiants et émulsifiants en poudre.

Un robot de cuisine de bonne qualité : un robot de qualité est un outil indispensable pour obtenir des purées lisses et bien mélanger les ingrédients. Dans ce livre, j'ai utilisé un robot Thermomix qui doit être le rêve de tout cuisinier amateur et professionnel. Il sert de blender, mais permet également de peser, cuire, émulsionner, fouetter et cuire à la vapeur. Il est même possible de s'en servir pour faire cuire un délicieux risotto ! Évidemment, il n'est pas donné, mais un robot d'une autre marque moins chère conviendra tout à fait.

Un robot Thermomix est un accessoire utile car il est multifonction.

VORWERK
Varoma
Turbo
100
90
80
70
60
50
37
thermomix

Lorsque vous achetez un robot, gardez en tête les points suivants :

- Choisissez toujours un robot proposant plusieurs vitesses (plus il y en a, mieux c'est).
- Choisissez un modèle avec un bol résistant à la chaleur, le polycarbonate et l'acier risquent moins de se fendre que le verre lorsque vous mélangez des ingrédients chauds. L'inconvénient du bol en acier est qu'il n'est pas transparent, et celui du polycarbonate d'être parfois fragile.
- Les fabricants indiquent la puissance en watts. La majorité des modèles non professionnels ont une puissance entre 500 et 750 watts, mais cette information n'est pas utile car elle mesure la consommation par le moteur plutôt que la puissance qu'il génère (la force qui créé la rotation autour d'un point central) pour que le moteur ne s'arrête pas lorsqu'il rencontre une résistance. Avant de faire votre achat, comparez plusieurs notices techniques.
- Choisissez un robot dont la lame est amovible pour faciliter le nettoyage !

Si vous avez un budget confortable, tournez-vous vers des marques comme Vitamix, Blendtec et Hamilton Beach. Leurs robots sont de bonne qualité et puissants, et un peu moins chers que le Thermomix.

Mixeur plongeant (manuel) : accessoire indispensable pour tout cuisinier amateur, et outil fondamental pour le gastronome moléculaire en herbe. Ce type de mixeur permet de mixer et mélanger des ingrédients dans un saladier. Il est idéal pour mélanger des agents gélifiants dans des liquides et pour créer des mousses et écumes incroyablement légères.

Bain-marie : bassin d'eau dont on peut contrôler la température, ce qui permet de cuire des aliments à une température précise pendant plusieurs heures. Il est très facile à utiliser : il suffit de remplir le bassin d'eau et de régler la température. Pour ce livre, j'ai utilisé un bain-marie de la marque Clifton Food Range, précis, solide et esthétique. Aujourd'hui, la plupart des fabricants produisent des bains-marie pour utilisation professionnelle, dont le prix est plutôt élevé. Ils constituent cependant un équipement utile pour les cuissons lentes, à température contrôlée, et compléteront très bien votre gamme d'appareils électroménagers. Une fois que vous serez familiarisé avec son fonctionnement, il deviendra une ressource inestimable.

Première étape de la préparation de sphères de yaourt (voir recette page 44).

Machine d'emballage sous vide : plusieurs chaînes de télé-achat et sites internet en font la publicité. Elles permettent de tout conserver, des aliments aux vêtements.

Elles aspirent l'air d'un sac ou d'un récipient et produisent un vide, ce qui réduit le volume de stockage et protège les éléments emballés de l'oxydation.

Les modèles professionnels étant extrêmement chers, contentez-vous d'un modèle pour usage domestique. Leur principal inconvénient est de ne pas permettre d'emballer sous vide des liquides, mais il existe des moyens de pallier ce problème (voir pages 76 à 89).

Siphon : équivalent réutilisable des bombes de crème chantilly, pour les chefs. Vous pouvez les utiliser avec tous types de liquides, gels et solides afin de produire différentes crèmes, mousses et infusions. Ils s'utilisent avec des cartouches de gaz (N_2O ou CO_2) pour préparer des concoctions aériennes, ou même pétillantes ! Et comme ils ne sont pas très chers, ils doivent constituer un élément indispensable de la cuisine de tout chef. La société iSi fabrique toute une gamme de produits, notamment un entonnoir et un tamis, compatibles avec leurs siphons et donc très faciles à utiliser.

Pistolet à fumée : outil incroyable pour donner une saveur fumée à un plat sans nécessiter trop de travail ou de temps. Le Smoking Gun™ est fabriqué par PolyScience, en passe de devenir un leader en matière d'ustensiles et d'accessoires de cuisine. Le prix de cet appareil est raisonnable, et il est simple d'utilisation. Après l'avoir testé quelques fois, vous en mesurerez toutes les possibilités.

Déshydrateur professionnel : cet équipement permet de dessécher des aliments à basse température pendant plusieurs heures. Il est très simple à utiliser : il suffit de le brancher et de régler la température. Il permet de déshydrater des fruits, des légumes ou de la viande qui font tous d'excellents en-cas. Dans ce livre, je l'utilise de manière un peu plus intéressante. Un déshydrateur de base suffit pour commencer.

Petits outils et accessoires de cuisine moléculaire : seringues, tubes en PVC (chlorure de polyvinyle) et écumoires sont des ustensiles très utiles pour certaines techniques présentées dans ce livre. Pince à épiler alimentaire, cuillères de sphérification et moules en silicone sont d'autres outils pratiques, mais moins indispensables. Tous ces accessoires peuvent être achetés sur Internet. Ceux utilisés dans ce livre, utiles et plutôt cool, proviennent du site modernist-chef.com.

Émulsifiants et agents gélifiants : de nombreux additifs ont vu leur réputation se ternir au fil des ans en raison de leur utilisation par l'industrie agroalimentaire. J'espère toutefois que ce livre et les recherches que vous effectuerez vous aideront à les démystifier en vous montrant que la plupart d'entre eux sont utilisés depuis des siècles dans différentes cultures à travers le monde, et que la majorité d'entre eux sont 100 % naturels. Les émulsifiants et agents gélifiants sont fabriqués par de nombreuses sociétés. Les plus connues et qui vendent à des particuliers sont Sosa, Texturas, Kalys et Biozoon. Gardez à l'esprit que pour un même agent émulsifiant ou gélifiant, les produits de ces différents fabricants ont des propriétés légèrement différentes. Les proportions et quantités nécessaires pour une recette peuvent donc varier selon la marque utilisée. Dans ce livre, j'ai utilisé des produits de Kalys et Texturas, vendus sur le site modernist-chef.com. Avant d'utiliser ces additifs, renseignez-vous sur le produit et sur le fabricant. De même, essayez d'utiliser des additifs d'une même marque lorsque vous devez les mélanger, le résultat sera généralement de meilleure qualité.

Magnifique meringue sans œuf préparée grâce à la technique de déshydratation (voir recette page 141).

technique 1 : la sphérification

La sphérification est une technique culinaire grâce à laquelle des liquides aromatisés (alcool, purées ou jus) sont entourés par une fine membrane formée grâce à un agent gélifiant. Elle permet d'obtenir des capsules en forme de sphère qui éclatent en bouche, souvent appelées caviar, ravioles ou bulles.

La fine membrane créée lors du processus de sphérification est le résultat d'une réaction de gélification qui se produit entre l'alginate de sodium et le lactate de calcium. Il existe deux types de sphérification : la sphérification classique et la sphérification inversée. Toutes deux suivent le même principe, mais l'une peut être préférable à l'autre en fonction de la teneur en calcium, de l'acidité et de la teneur en alcool du liquide.

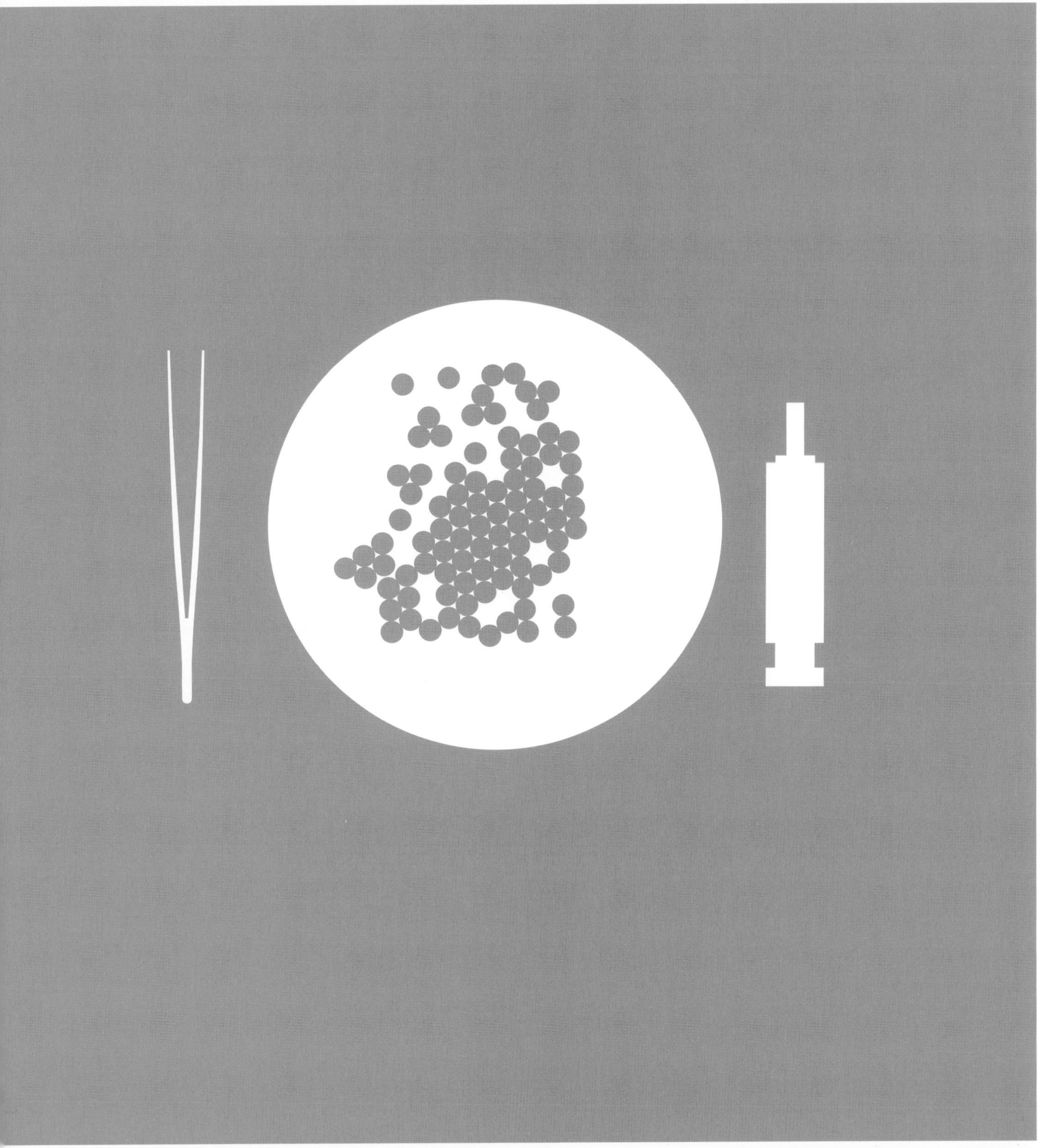

Contexte

Le concept de la sphérification a été mis au point par l'industrie pharmaceutique dans les années 1950. La technique a été améliorée et adaptée à une utilisation dans les cuisines professionnelles en 2003 lorsque le chef Ferran Adrià du restaurant El Bulli, en Espagne, a présenté la technique de la sphérification classique au monde de la cuisine. Deux ans plus tard, son équipe de recherche a mis au point la technique de la sphérification inversée. Depuis, la sphérification est devenue la technique de cuisine moléculaire par excellence. Elle est toujours aussi impressionnante qu'à ses débuts.

L'agent gélifiant principal impliqué dans le processus de sphérification est l'alginate de sodium qui est obtenu à partir d'algues brunes. Il est utilisé dans l'industrie agroalimentaire comme additif dans des soupes, gelées, glaces et sauces comme exhausteur de goût, stabilisant ou épaississant (ou les deux).

Le principe scientifique sous-jacent

Le processus de sphérification commence en dissolvant de l'alginate de sodium et du lactate de calcium (parfois appelé sel de calcium) dans deux liquides différents (un liquide aromatisé et de l'eau). Lorsqu'ils sont parfaitement dissous dans leurs liquides respectifs, il faut les laisser reposer pendant un certain temps pour que les gaz introduits lors de l'agitation s'échappent (pour éviter la présence de bulles d'air dans les sphères). Il faut ensuite prélever la solution aromatisée à l'aide d'une pipette ou d'une seringue (ou de cuillères doseuses pour former de plus grandes sphères) et appuyer délicatement pour faire tomber des gouttes dans la solution à base d'eau. Une pellicule de gel se forme instantanément lorsque les deux liquides entrent en contact. Les sphères sont laissées quelque temps dans la solution à base d'eau pour « cuire » (plus ou moins longtemps selon l'épaisseur de membrane souhaitée) puis

Sphères de mangue, pudding de riz à la noix de coco et fruit de la passion (voir recette de base page 46).

récupérées et rincées dans de l'eau pour retirer l'excédent de calcium qui pourrait masquer le goût du liquide. Elles sont ensuite prêtes à être servies !

La sphérification classique

C'est la méthode de sphérification la plus simple. Je vous conseille sincèrement de commencer par celle-ci, cela vous permettra de comprendre la technique de base et d'observer le résultat, ce qui vous aidera lorsque vous tenterez la technique inversée, un peu plus complexe.

Pour cette technique, l'alginate de sodium est dissous dans le liquide aromatisé (qui deviendra la sphère) et le lactate de calcium est dissous dans l'eau (les gouttes de liquide aromatisé seront « cuites » dans ce bain d'eau).

Ce type de sphérification est idéal pour obtenir des sphères à membrane ultrafine. Plus la membrane est fine, plus la sphère contient une grande quantité de liquide et plus il est facile de la percer, ce qui procure une plus grande sensation d'éclatement en bouche !

Cette technique a toutefois des limites. Le processus de gélification qui se produit entre l'alginate de sodium et le lactate de calcium ne s'interrompt pas. Ainsi, le caviar ou les ravioles vont continuer à gélifier jusqu'à l'être complètement. Il est donc préférable de les servir dès qu'elles sont prêtes afin d'obtenir le meilleur résultat. L'autre inconvénient est que le processus ne fonctionne pas avec des liquides très acides (pH inférieur à 5) ou à forte teneur en calcium. L'acidité du liquide peut être corrigée en utilisant du citrate de sodium, mais cela modifie le goût de la préparation.

Pour la sphérification classique, il faut ajouter le liquide goutte par goutte dans le bain de calcium et les laisser prendre pendant quelques minutes pour qu'elles forment des sphères.

1
2
3
HSW

Matériel et ingrédients

1. Alginate de sodium (E401)

   Cet extrait d'algues brunes est un agent gélifiant « à froid », il n'est donc pas nécessaire de le faire chauffer pour qu'il gélifie. En présence de calcium et d'acidité, il forme un gel stable. Il est principalement utilisé en cuisine moderne pour la technique de sphérification.

2. Lactate de calcium (E327)

   Ce sel cristallin est obtenu par l'action de l'acide lactique sur le carbonate de calcium. Il est souvent utilisé en alimentation et se retrouve dans toutes sortes de produits comestibles, des fruits frais aux plats pour bébés. Il est généralement utilisé pour la technique de sphérification car à la différence d'autres sels de calcium comme le chlorure de calcium, il ne masque pas le goût des aliments et ne leur donne pas de goût.

3. Pipette ou seringue (pour le « caviar »)

   Utilisée pour déposer des petites sphères régulières dans le bain de lactate de calcium ou d'alginate de sodium. Une pipette ou une seringue basique suffisent.

4. Cuillère doseuse ronde

   Ce type de cuillère est très utile pour former de belles sphères régulières et bien arrondies. Vous pouvez utiliser d'autres ustensiles à cette fin, mais ce sont ces cuillères qui donnent le meilleur résultat.

5. Cuillère à perles percée

   Le nom de cet ustensile semble un peu technique, mais c'est une simple (mais très jolie) cuillère écumoire à petits trous qui permet d'égoutter les sphères.

La sphérification inversée

Ce sont les liquides dans lesquels l'alginate de sodium et le lactate de calcium sont dispersés qui sont inversés. Dans ce type de sphérification, le lactate de calcium est dissous dans le liquide aromatisé (qui deviendra la sphère) et l'alginate de sodium est dissous dans l'eau (les gouttes de la solution aromatisée à base de calcium seront « cuites » dans ce bain d'alginate).

Cette technique est plus polyvalente que la sphérification classique et permet de préparer des sphères avec des liquides à forte teneur en produits laitiers, alcool ou acidité. L'autre grand avantage est que les sphères peuvent être préparées en avance sans que leur texture ou leur goût en pâtissent. En effet, le processus de gélification s'arrête dès que les sphères sont retirées de la solution d'alginate de sodium et rincées à l'eau.

La membrane des sphères préparées de cette manière est plus épaisse que celle des sphères préparées par sphérification classique. Cela est très pratique pour le dressage car elles conservent davantage leur forme. En revanche, leur texture est plus ferme et gélatineuse en bouche.

Il peut être assez difficile de former des sphères bien rondes car la solution d'alginate de sodium est visqueuse. La solution à base de lactate de calcium doit donc être suffisamment épaisse. Si elle est trop liquide, les sphères se déformeront. Il faut également qu'elles ne se touchent pas dans le bain d'alginate de sodium, sinon elles vont se coller les unes aux autres.

Ce caviar de pomme servi dans une boîte à caviar est un grand classique du restaurant El Bulli (voir recette page 42).

Astuces

1. Mélangé avec un mixeur plongeant, l'alginate de sodium peut mettre jusqu'à 5 minutes pour se dissoudre totalement dans l'eau.

2. Laissez la solution d'alginate de sodium reposer afin que les bulles d'air incorporées puissent s'échapper. Cela peut prendre jusqu'à 24 heures, en particulier pour le bain d'alginate de sodium utilisé pour la sphérification inversée. Préparez-la en avance et laissez-la reposer au réfrigérateur.

3. Pour la sphérification classique, si le liquide dans lequel l'alginate de sodium doit être dissous est trop épais (par exemple, une purée), mélangez l'alginate de sodium dans de l'eau puis incorporez-la au liquide aromatisé. La proportion d'alginate de sodium doit être d'environ 1 % du liquide total (solution à base d'eau et liquide aromatisé).

4. Pour la sphérification classique, dissolvez l'alginate de sodium dans un tiers du liquide puis ajoutez le reste de liquide. Cela réduit la quantité de bulles d'air incorporée dans la préparation.

5. Pour la sphérification inversée, laissez le bain d'alginate de sodium revenir à température ambiante avant de l'utiliser afin qu'il soit moins visqueux.

6. Pour la sphérification inversée, versez très délicatement la solution riche en calcium dans le bain d'alginate de sodium pour obtenir une jolie forme. Plusieurs essais seront nécessaires.

7. Pour la sphérification inversée, retournez les sphères pendant qu'elles se trouvent dans le bain d'alginate de sodium afin que toute leur surface soit « cuite » de manière uniforme et que la membrane soit d'épaisseur égale de tous les côtés.

8. Ne mélangez pas l'alginate de sodium dans de l'eau du robinet ou de l'eau minérale car elles contiennent beaucoup de calcium, ce qui déclencherait le processus de gélification avant même d'avoir commencé la recette !

9. Le bain de calcium (sphérification classique) ou d'alginate de sodium (sphérification inversée) doit rester propre. Retirez toutes les petites particules provenant de sphères qui se seraient percées à l'aide d'un tamis fin.

10. Assurez-vous que les sphères sont totalement immergées dans le bain en appuyant délicatement dessus ou en les retournant.

11. Pour les recettes de ce chapitre, le terme « bain d'eau » désigne un saladier rempli d'eau du robinet (il ne s'agit pas de bain-marie !).

Ces sphères à la fraise et au vinaigre balsamique sont préparées par sphérification classique (voir recette de base page 42).

caviar de pomme (sphérification classique)

INGRÉDIENTS

5 g d'alginate de sodium
500 ml de jus de pomme
5 g de lactate de calcium
1 litre d'eau

Pour 5 personnes

1. Avec un mixeur plongeant, mélangez l'alginate de sodium dans un tiers du jus de pomme. Cette étape peut nécessiter un peu de temps pour que l'alginate de sodium soit totalement réhydraté.
2. Ajoutez le reste de jus de pomme, mélangez et laissez reposer au moins 4 heures au réfrigérateur. Cela permet d'éliminer les bulles d'air incorporées dans la préparation pendant l'étape 1 et donne aux sphères de « caviar » une apparence plus lisse.
3. Préparez le bain de calcium en fouettant le lactate de calcium dans l'eau, dans un saladier, jusqu'à ce qu'il soit complètement dissous.
4. Remplissez une seringue (ou une pipette) de préparation au jus de pomme. Placez l'extrémité de la seringue (ou pipette) à 10 cm de la surface du bain de calcium (ajustez la hauteur pour obtenir des sphères bien formées).
5. Appuyez délicatement pour faire tomber des gouttes de préparation dans le bain de calcium et laissez-les « cuire » pendant 1 minute.
6. Égouttez délicatement les billes de « caviar » à l'aide d'une cuillère percée et transférez-les dans un saladier rempli d'eau claire pour rincer le calcium se trouvant à la surface. Égouttez-les et servez immédiatement.

Comment le servir

- Caviar de pomme servi dans une boîte de caviar (spécialité du restaurant El Bulli)
- Cheese-cake au gingembre et caviar de pomme
- Canapés au vieux cheddar et au caviar de pomme
- Caviar de pomme, bâtonnets de pommes fraîches et estragon (photo ci-contre)

sphères de yaourt (sphérification inversée)

INGRÉDIENTS

5 g d'alginate de sodium

1 litre d'eau

250 ml de yaourt à la grecque

70 ml de lait entier

Pour 5 personnes

1. Avec un mixeur plongeant, mélangez l'alginate de sodium et l'eau dans un saladier. Cette étape peut nécessiter un peu de temps pour que l'alginate de sodium soit totalement réhydraté.
2. Laissez reposer au réfrigérateur jusqu'à ce que toutes les bulles d'air incorporées soient éliminées (toute une nuit dans l'idéal).
3. Fouettez le yaourt et le lait pour avoir une préparation onctueuse, mais sans incorporer d'air. Si vous utilisez du lactate de calcium, ajoutez-le à ce stade.
4. Avec une cuillère doseuse ronde, prélevez du yaourt (la cuillère doit être bien propre pour que la bille soit bien formée).
5. Versez délicatement le yaourt dans le bain d'alginate (cette étape requiert de la patience car il n'est pas facile d'obtenir des billes bien rondes. N'oubliez pas que c'est le mouvement du poignet qui est déterminant !).
6. Laissez les billes « cuire » dans le bain d'alginate de sodium pendant 2 à 3 minutes, en les retournant ou en les enfonçant une fois à mi-cuisson pour qu'elles soient prises de manière homogène de tous les côtés et que la pellicule qui se forme ait la même épaisseur partout.
7. Retirez délicatement les billes du bain d'alginate avec une cuillère percée et plongez-les dans un bain d'eau claire. Vous pouvez servir les billes immédiatement ou les conserver dans l'eau, au réfrigérateur, jusqu'à utilisation.

Comment les servir

- Sphères de yaourt arrosées de miel et saupoudrées de noisettes
- Raïta indienne destructurée : concombre, oignon rouge et sphères de yaourt saupoudrées de cumin et de piment de Cayenne, petite feuille de menthe (photo ci-contre)

billes de mangue (sphérification classique)

INGRÉDIENTS

5 g de lactate de calcium
500 ml d'eau
2,5 g d'alginate de sodium
250 ml de jus de mangue (ou autre jus/purée de fruits sans calcium et non acide)

Pour 3 personnes

1 Préparez le bain de calcium en fouettant le lactate de calcium et l'eau dans un saladier jusqu'à ce qu'il soit complètement dissous puis laissez reposer.

2 Avec un mixeur plongeant, mélangez l'alginate de sodium dans la moitié du jus de mangue. Cette étape peut nécessiter un peu de temps pour que l'alginate de sodium soit totalement réhydraté.

3 Ajoutez le reste de jus en mélangeant au fouet.

4 Prélevez des cuillerées à café de préparation et versez-les délicatement dans le bain de calcium. Laissez les billes « cuire » 1 minute en les retournant une fois à mi-cuisson.

5 Égouttez délicatement les billes à l'aide d'une cuillère percée et transférez-les dans un saladier rempli d'eau pour rincer le calcium se trouvant à la surface. Égouttez-les et servez-les immédiatement.

Comment les servir

- Sphères de mangue servies dans une cuillère japonaise
- Sphères de mangue sur un lit de zeste de citron vert et noisettes (photo ci-contre)
- Sphères de mangue, pudding de riz à la noix de coco et fruits de la passion

technique 2 : le fumage

Dans le monde merveilleux de la cuisine d'aujourd'hui, il existe plusieurs techniques pour donner un arôme fumé à vos plats. Dans ce chapitre toutefois, nous nous concentrerons sur la fumée liquide et le pistolet à fumée (The Smoking Gun™). Ces deux techniques ultrasimples permettent d'ajouter une saveur fantastique à un plat ou d'intensifier le goût fumé existant d'un aliment. Ce goût fumé reste cependant un arôme qui n'affectera pas forcément le goût ou la texture de l'aliment. Par exemple, une purée de pommes de terre fumée n'aura pas le goût de fumée si vous vous pincez le nez en la dégustant.

La fumée liquide est produite en faisant brûler de la sciure de bois (plusieurs variétés sont possibles : pacanier, érable, pommier, chêne, etc.) dans une chambre de combustion qui se remplit de fumée. La fumée passe ensuite à travers un tuyau jusque dans un condensateur où elle refroidit et forme des liquides ou des solides qui sont dissous dans de l'eau. Cela donne un liquide foncé au goût amer et à l'arôme de fumée prononcé.

Le pistolet à fumée est un outil qui permet de donner une saveur fumée à des aliments très simplement, à la différence d'autres méthodes traditionnelles plus complexes et longues.

Contexte

Le fumage était à l'origine une technique de conservation qui permettait de prolonger la durée de vie des aliments. Aujourd'hui, nous avons les moyens (réfrigérateurs, congélateurs, en plus des conservateurs ajoutés aux aliments industriels) de conserver nos aliments pendant de longues périodes sans qu'ils s'abîment. L'objectif des nouvelles techniques de fumage est donc simplement d'aromatiser, ce qui peut complètement transformer un plat.

La fumée liquide a été produite et vendue pour la première fois en 1895 par Ernest H. Wright, un pharmacien américain qui avait fait des expériences sur la combustion du bois et la condensation de la fumée ainsi produite qu'il a appelée « fumée condensée ». Elle constitue un bon substitut aux techniques de fumage traditionnelles pour ce qui est du goût, et est utilisée depuis, tant par les industries agroalimentaires que par les cuisiniers amateurs.

Le pistolet à fumée, The Smoking Gun™, est une innovation beaucoup plus récente. Ce produit révolutionnaire a été conçu par une entreprise américaine, PolyScience, désireuse de produire des outils plus innovants pour les chefs. Il est aujourd'hui très utilisé dans les cuisines des restaurants du monde entier.

Le principe scientifique sous-jacent

Les techniques de fumage traditionnelles donnent une saveur fumée particulière aux aliments, résultat de réactions chimiques qui se produisent lors de la combustion du bois. Les principaux composants du bois dur sont la cellulose, l'hémicellulose et la lignine. Ce sont eux qui produisent l'arôme de fumée qui varie en fonction de la proportion de ces trois éléments, et donc de la variété du bois.

La fumée liquide est un bon substitut au fumage traditionnel car elle donne un goût fumé uniforme et est nettement plus simple et rapide à utiliser que les techniques traditionnelles. Il suffit en effet d'ajouter quelques gouttes de fumée liquide à une marinade, une vinaigrette, un jus de cuisson, un cocktail ou un plat pour lui donner une nouvelle dimension.

Sorbet au chocolat fumé et sauce aux griottes (voir recette de base page 60).

Parfumer avec la fumée

Le pistolet à fumée est un excellent outil pour donner un arôme de fumée plus ou moins intense à presque tous les aliments et boissons. La fumée produite n'est pas chaude, elle peut donc être utilisée pour fumer des ingrédients comme du beurre ou des fruits de mer crus (pensez par exemple aux sashimis de saumon fumé), ce qui serait difficile et potentiellement dangereux autrement (pour des raisons de sécurité alimentaire et de température). Le pistolet à fumée peut créer une expérience sensorielle exceptionnelle : recouvrez un plat d'une cloche remplie de fumée et laissez vos invités soulever la cloche et recevoir alors une bouffée de fumée délicate.

Préparation

Les composés phénoliques qui donnent ce goût de fumée sont volatils et se dissipent au fil du temps. Nous vous conseillons donc, lorsque vous utilisez le pistolet à fumée, d'attendre la dernière minute pour procéder au fumage. Cela dépend également du degré de fumage et de l'intensité souhaitée.

Astuces

1. La saveur de la fumée liquide n'est pas la plus appétissante qui soit, et elle est très prononcée. Utilisez-la donc avec parcimonie, quelques gouttes suffisent en général.
2. Il est préférable de mélanger la fumée liquide à un liquide comme une marinade ou une sauce ou dans des aliments mous (par exemple une purée de pommes de terre) afin qu'elle se disperse uniformément dans le plat. Si vous mettez simplement quelques gouttes sur un steak, le goût fumé sera plus intense sur certaines parties que sur d'autres.
3. Faites des essais avec différents aliments : fruits de mer, viandes rouges, volaille, fromages, beurre, chocolat, etc.
4. La plupart des graisses et huiles absorbent les odeurs et les arômes assez rapidement. En fumant du beurre, par exemple, vous pourrez facilement ajouter une petite touche de fumée dans les plats.
5. Lisez les indications fournies avec le pistolet à fumée et respectez-les. Une fois que vous aurez compris les bases de son fonctionnement, un monde s'ouvrira à vous !

Le pistolet à fumée permet de préparer un délicieux cocktail fumé au rhum (voir recette page 56).

4
1
3

Matériel et ingrédients

1. Fumée liquide

   Elle est fabriquée de deux manières : soit en faisant passer de l'eau dans une chambre remplie de fumée, soit en faisant passer la fumée à travers un tuyau dans un condensateur, les solides ou liquides produits étant ensuite dissous dans de l'eau.

2. Pistolet à fumée

   C'est une technique idéale pour donner rapidement et simplement un arôme fumé à vos plats. Le Smoking Gun™ est fabriqué par PolyScience, une société en passe de devenir leader dans le domaine des outils et gadgets innovants et indispensables pour les chefs. Son prix est raisonnable et il est simple à utiliser. Après l'avoir testé plusieurs fois, vous verrez que les possibilités d'utilisation sont infinies. Notez que rien ne vous oblige à ne fumer que de la sciure dans le pistolet. Vous pouvez faire des expériences intéressantes en faisant fumer du thé, des épices ou même des fleurs séchées.

3. Sciure

   Différents types de sciures parfumées peuvent être utilisés avec le pistolet à fumée, par exemple pacanier, pommier, mesquite, cerisier, à choisir en fonction du plat auquel vous l'associerez.

4. Shaker à cocktail

   Si vous préparez un cocktail, le shaker est particulièrement utile car il permet de bien mélanger les liquides et les arômes.

cocktail fumé au rhum

INGRÉDIENTS

50 ml de rhum original épicé
50 ml de liqueur de café
glaçons
1 trait de bitter
sciure pour fumage

Pour 1 personne

1. Prenez un verre old-fashioned ou un verre à whisky propre et posez-le à l'envers au-dessus de la pointe du pistolet à fumée.
2. Remplissez-le de fumée dense puis posez-le immédiatement sur une surface plane afin d'enfermer la fumée et laissez reposer 5 minutes.
3. Pendant ce temps, versez le rhum, la liqueur de café et le bitter dans un shaker rempli de glaçons jusqu'à mi-hauteur puis secouez.
4. Retournez le verre pour libérer la fumée, mettez-y quelques glaçons. Versez le cocktail immédiatement dans le verre, en filtrant.

Variantes

- Manhattan fumé
- Old-fashioned fumé
- Moscow Mule fumé

purée de champignons fumée

INGRÉDIENTS

huile d'olive
60 g d'échalotes, en dés
5 ml de pâte d'ail
400 g de champignons de Paris, hachés
200 g de champignons portobello ou shiitake, hachés
30 g de beurre (facultatif)
150 ml de crème épaisse
sel
sciure pour fumage

Pour 2 personnes

1. Faites chauffer un peu d'huile d'olive dans une poêle et faites-y suer les échalotes. Quand elles sont translucides, ajoutez la pâte d'ail.
2. Ajoutez les champignons et faites-les dorer.
3. Ajoutez le beurre, si vous en mettez, puis la crème. Quand la préparation est à la limite de l'ébullition, retirez du feu et assaisonnez.
4. Versez la préparation chaude dans le bol d'un robot et mixez pour obtenir une purée avec morceaux.
5. Couvrez le bol du robot avec du film alimentaire et remplissez-le d'une fumée dense à l'aide du pistolet à fumée. Laissez reposer 5 minutes.
6. Retirez le film alimentaire et mixez à nouveau pour bien incorporer la fumée. Pour un goût fumé plus prononcé, répétez les étapes 5 et 6.

Comment la servir

- Porridge aux champignons fumés et écume de parmesan
- Steak grillé, purée de champignons fumée et jus de bœuf
- Blanc de poulet rôti farci aux champignons fumés et enveloppé de lard fumé (photo ci-contre)

sorbet au chocolat fumé

INGRÉDIENTS
450 ml d'eau
190 g de sucre en poudre
40 g de sucre roux
100 g de cacao en poudre non sucré
5 ml d'extrait de vanille
fumée liquide, selon votre goût
sciure pour fumage (facultatif)

Pour 2 personnes

1. Faites chauffer l'eau et les sucres dans une casserole, en remuant, jusqu'à ce que les sucres soient dissous.
2. Incorporez le cacao en fouettant et faites frémir à petits bouillons.
3. Versez la préparation dans un saladier, incorporez l'extrait de vanille et la fumée liquide et mélangez. Laissez reposer 2 heures au réfrigérateur.
4. Versez la préparation dans une sorbetière et suivez les instructions du fabricant.
5. Quand le sorbet est prêt, servez-le dans des verres. Couvrez avec du film alimentaire et utilisez le pistolet à fumée pour les remplir de fumée. Laissez reposer 1 minute puis laissez vos convives retirer le film. Cela intensifie le goût fumé et donne un côté spectaculaire à votre dessert !

Comment le servir

- Sorbet au chocolat noir fumé et sauce aux griottes (photo ci-contre)
- Sorbet au chocolat noir fumé et glace au café
- Sorbet au chocolat noir fumé et copeaux de chocolat à la menthe

technique 3 : les écumes, mousses et espumas

En cuisine, une mousse est un liquide, par exemple un jus, une purée, du bouillon ou de la soupe, mélangé avec un agent gélifiant ou stabilisant, par exemple de la lécithine, de l'agar-agar, de la gélatine ou de la gomme xanthane (voir chapitres 6, 7 et 16) puis aéré à l'aide d'un mixeur plongeant ou propulsé à travers un siphon à l'aide de cartouches de gaz (protoxyde d'azote). En plus d'ajouter une touche parfumée à un plat, elle le décore joliment.

La seule différence entre une écume, une mousse et une espuma est la densité de la mousse. Une écume est particulièrement légère, les mousses sont un peu plus denses et une espuma a généralement une consistance proche de celle de la crème Chantilly. Tout ceci n'est toutefois pas gravé dans le marbre et différentes associations d'outils et stabilisants donnent des résultats très variés.

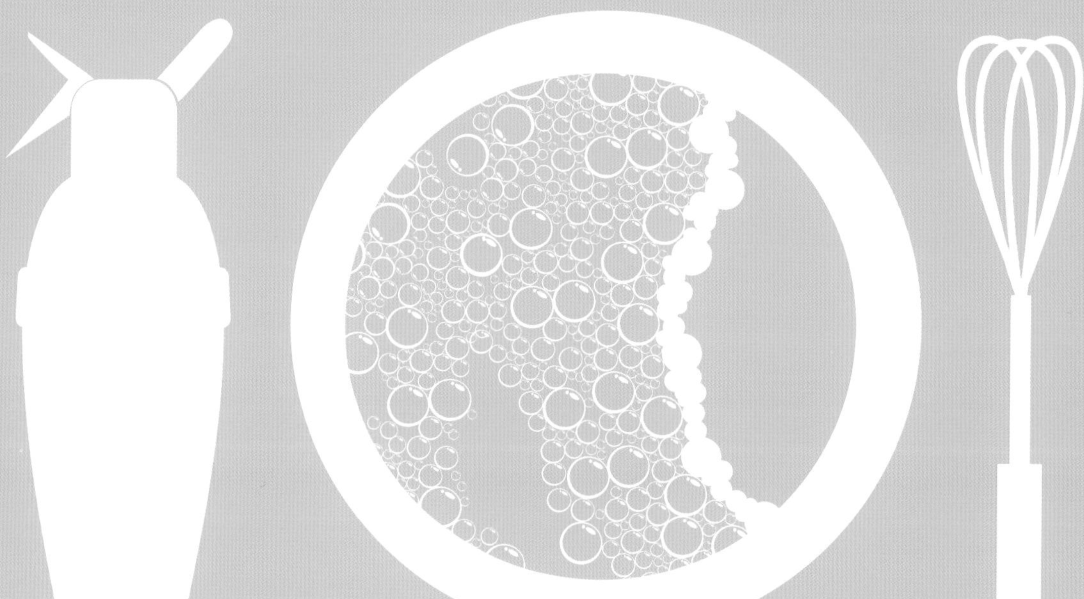

Contexte

La technique n'est pas vraiment nouvelle, même si elle a récemment rencontré beaucoup de succès. Les mousses existent depuis très longtemps (meringues, chamallows, cappuccinos et crème Chantilly sont tous des formes de mousse), mais c'est Ferran Adrià, le chef du restaurant El Bulli, en Espagne, qui a développé leur potentiel en se basant sur le processus scientifique qui permet de les préparer. On les retrouve aujourd'hui dans les cuisines du monde entier. Dans les années 1990, cela a fait fureur dans le monde culinaire. Elles sont apparues sur tous les menus des restaurants se voulant avant-gardistes, sans qu'elles se marient forcément bien avec le plat... C'est aujourd'hui une technique culinaire qui reste très appréciée et que les chefs ont appris à utiliser avec discernement.

Le principe sous-jacent

Pour simplifier, une mousse est une dispersion de gaz dans un liquide. Plus il y a de gaz piégé dans le liquide, plus la mousse est volumineuse. Tous les liquides, ou presque, forment des bulles lorsqu'ils sont aérés. Mais, dans la plupart des cas, celles-ci s'agglomèrent et éclatent assez rapidement. Le plus difficile, dans la préparation d'une mousse, est de faire en sorte qu'elle conserve sa forme. Il faut donc ajouter un tensioactif (un composant qui abaisse la tension superficielle d'un liquide) au liquide pour enrober la surface des bulles d'air et de l'eau et créer une fine barrière entre les bulles afin d'éviter qu'elles ne s'agglomèrent.

De nombreux stabilisants sont à la disposition des chefs aujourd'hui. Dans ce chapitre, nous présenterons la lécithine, l'agar-agar et la gélatine. On peut aussi préparer des mousses sans ajouter de stabilisants : les matières grasses du lait, du fromage ou même du foie gras donnent des mousses relativement stables qui sont un peu moins fermes et se défont plus rapidement que celles préparées avec des stabilisants. Il est donc préférable de les servir comme sauces ou écumes légères sur une assiette.

Cette mousse à base de lécithine (voir recette page 75) apporte arôme et texture à des asperges et du prosciutto servis avec un œuf de caille poché.

5
3

Matériel et ingrédients

1. Mixeur plongeant

   C'est un ustensile indispensable pour tout cuisinier moléculaire en herbe. Il est idéal pour mélanger des agents gélifiants dans des liquides et créer des mousses et écumes incroyablement légères.

2. Siphon

   C'est l'équivalent réutilisable pour les chefs professionnels d'une bombe de crème Chantilly. Il exsite une large gamme de siphons, et certains, moins chers, peuvent être difficiles à utiliser. Les siphons Isi sont très bien. Il peut être utilisé à l'infini avec différents liquides, gels et ingrédients solides.

3. Cartouches de gaz N_2O et CO_2

   Elles peuvent être utilisées pour les préparations aériennes ou pétillantes. Utilisez des cartouches de dioxyde de carbone (CO_2) pour gazéifier et de protoxyde d'azote (N_2O)pour les mousses.

4. Lécithine

   La lécithine vendue dans le commerce est généralement extraite de graines de soja. Elle est donc adaptée aux végétariens et végétaliens. C'est un tensioactif très polyvalent, qui est souvent utilisé avec des jus ou autres substances à teneur élevée en eau. La lécithine est efficace pour créer des mousses (émulsions air/eau) et pour émulsifier des préparations eau/huile comme les vinaigrettes et autres sauces.

5. Agar-agar

   Ce gel thermoréversible est produit à partir d'extraits d'algues rouges et constitue une excellente alternative à la gélatine pour la cuisine végétalienne. Il peut être utilisé pour confectionner des mousses légères et délicates. Sa température de fusion élevée permet de l'utiliser pour préparer des mousses chaudes.

6. Gélatine

   La gélatine provient du collagène obtenu à partir de sous-produits animaux divers. C'est un excellent stabilisant pour les mousses. Elle est utilisée pour fabriquer de nombreux produits, par exemple les chamallows.

Préparation et temps de cuisson

Mousses à base de matières grasses : il suffit d'avoir une bonne source de matières grasses (lait, fromage, foie gras, lard fumé ou chorizo) et de la faire chauffer à une température comprise entre 60 et 80 °C pour obtenir une mousse stable à l'aide d'un mixeur plongeant.

Mousses à base de lécithine : une concentration de 0,5 à 1 % de lécithine permet d'obtenir une mousse stable. Elle est soluble dans des solutions froides. Elle est moins efficace à température élevée. Il faut l'utiliser en dessous de 70 °C pour avoir une mousse stable et bien gonflée. Cela fonctionne très bien avec un jus (par exemple du jus de carotte), y ajouter 1 % de lécithine puis mélanger/aérer à l'aide d'un mixeur plongeant. La mousse à base de lécithine peut être préparée avec un siphon.

Mousses à base d'agar-agar : une concentration de 1 % permet d'obtenir une mousse stable. Comme il ne fond qu'à température élevée, il permet de préparer des mousses tièdes. Il est très soluble dans des solutions à plus de 80 °C et sa température de prise se situe entre 35 et 45 °C. Une fois gélifié, il fond à 85 °C environ. Une fois l'agar-agar dispersé dans le liquide, il faut le laisser prendre puis chauffer le gel obtenu à 70 °C et le mélanger au mixeur plongeant pour obtenir une consistance lisse et fluide. Versez-le ensuite dans un siphon équipé d'une cartouche de protoxyde d'azote et conservez-le à 70 °C.

Mousses à base de gélatine : une concentration de 0,5 à 1,5 % de gélatine permet d'obtenir une mousse stable. La gélatine est soluble dans des liquides à une température de 50 °C environ et prend à 15 °C environ. Avant d'utiliser une feuille de gélatine, il faut la faire tremper dans de l'eau et la dissoudre dans un liquide tiède. La préparation obtenue doit être transférée dans un siphon équipé d'une cartouche de gaz et placée au réfrigérateur pendant 2 heures au minimum.

Astuces

1. Les siphons doivent être secoués vigoureusement avant chaque utilisation.
2. Ne remplissez qu'à mi-hauteur le réservoir d'un siphon. Le gaz fait gonfler la préparation.
3. Certains siphons ne peuvent pas être utilisés avec des préparations chaudes. Lisez attentivement la notice.
4. Les cartouches de dioxyde de carbone sont également disponibles pour les siphons, même si elles sont plus adaptées à la gazéification. Pour préparer des mousses, utilisez de préférence des cartouches de protoxyde d'azote.
5. La viscosité du liquide a une influence sur la texture de la mousse. S'il est très lourd et épais, il ne sera peut-être pas possible de l'aérer suffisamment pour obtenir une mousse.
6. Tous les liquides devant être utilisés pour préparer des mousses doivent être filtrés au travers d'un tamis très fin.
7. Utilisez un mixeur plongeant pour disperser la lécithine et un fouet pour l'agar-agar ou la gélatine.
8. Avec un mixeur plongeant, utilisez la pale aérée et placez l'extrémité du mixeur près de la surface du liquide pour y incorporer le maximum d'air.
9. Il est inutile d'ajouter trop de lécithine, cela rendrait la mousse moins stable.
10. Si vous utilisez des feuilles de gélatine, faites-les tremper dans de l'eau glacée puis pressez-les pour retirer l'excédent d'eau et dissolvez-les dans le liquide souhaité.
11. Vérifiez que l'agar-agar est bien dispersé dans un liquide à 80 °C au minimum. Il doit être bien hydraté pour se gélifier correctement.

mousse de fraises frappée

INGRÉDIENTS

300 ml de purée de fraises (ou d'autres fruits)
100 ml d'eau
sucre extra-fin, selon votre goût (et en fonction de la teneur en sucre de la purée)
1 feuille de gélatine ou 2,5 g (½ c. à c.) de gélatine en poudre

Pour 5 personnes

1. Filtrez la purée à travers un tamis très fin pour qu'elle soit bien lisse.
2. Mélangez la purée filtrée, l'eau et le sucre dans une casserole et faites chauffer à feu doux jusqu'à ce que le sucre soit dissous.
3. Si vous utilisez une feuille de gélatine, faites-la réhydrater dans un bol d'eau froide jusqu'à ce qu'elle soit molle, puis pressez-la à la main pour ôter l'excédent d'eau.
4. Fouettez la gélatine dans la purée tiède, en s'assurant qu'elle est bien dispersée.
5. Versez la préparation dans un siphon, sans le remplir plus qu'à mi-hauteur.
6. Fermez le siphon et introduisez 2 cartouches de protoxyde d'azote. Secouez bien et placez pendant 2 heures au réfrigérateur.

Comment la servir

- Glace à la vanille et mousse à la fraise
- Canapés de cheese-cake garnis de mousse de fraises
- Coupes de champagne garnies de mousse à la fraise (photo ci-contre)

mousse de chorizo

INGRÉDIENTS

220 g de chorizo coupé en petits dés
300 ml de crème épaisse
400 ml de lait entier

Pour 5 personnes

1. Mettez le chorizo dans une poêle froide, sans matière grasse, et faites chauffer à feu doux. L'huile colorée et parfumée du chorizo va suinter et se répandre dans la poêle.
2. Quand le chorizo a rendu la majorité de son huile, ajoutez la crème, portez à ébullition puis baissez le feu et laissez mijoter 5 minutes.
3. Ajoutez le lait, portez de nouveau à ébullition puis retirez la poêle du feu.
4. Filtrez la préparation à travers une mousseline (étamine). Conservez la crème et jetez les solides.
5. Laissez refroidir la préparation jusqu'à 70 °C environ.
6. Faites mousser la préparation avec un mixeur plongeant en incorporant le plus d'air possible. Si la crème semble trop épaisse, ajoutez un peu de lait.

Comment la servir

- Risotto à l'encre de seiche, encornet sauté et mousse de chorizo (photo ci-contre)
- Bisque de crustacés et mousse de chorizo
- Riz au safran et blanc de poulet grillé, gambas et mousse de chorizo

écume de parmesan

INGRÉDIENTS

500 ml d'eau

450 g de parmesan frais râpé

3 ml de lécithine (¾ de c. à c.)

Pour 5 personnes

1. Portez l'eau à ébullition dans une casserole. Ajoutez le parmesan et laissez infuser 20 minutes hors du feu, à température ambiante.
2. Filtrez la préparation à travers une mousseline (étamine), conservez l'eau au parmesan et jetez les solides (ils n'ont plus de goût puisque leurs arômes se sont infusés dans l'eau).
3. À l'aide d'un mixeur plongeant, dispersez la lécithine dans l'eau au parmesan.
4. Continuez à aérer la préparation avec le mixeur plongeant pour qu'une mousse commence à se former à la surface du liquide.
5. Récupérez-la délicatement, à l'aide d'une cuillère, et répétez l'opération (étape 4) autant de fois que nécessaire. Conservez la mousse dans une boîte hermétique. Placez-la au congélateur pendant 1 heure. Vous avez maintenant une écume de parmesan surgelée !

Comment la servir

- Salade cæsar et écume de parmesan surgelée (photo ci-contre)
- Porridge aux champignons fumés et écume de parmesan
- Pâtes aux fruits de mer et écume de parmesan

technique 4 :
la cuisson sous vide

Si vous n'avez jamais entendu parler de cuisson « sous vide » auparavant, ne paniquez pas ! Comme pour plusieurs autres techniques présentées dans ce livre et qui ne vous seraient pas familières, elle est très simple une fois que l'on a compris les principes de base et son fonctionnement. La cuisson sous vide consiste à faire pocher dans un bain-marie à température contrôlée des aliments emballés dans un sachet plastique hermétique et résistant à la chaleur. Cela implique donc de cuire les aliments à température plus basse et pendant plus longtemps qu'avec les techniques de cuisson traditionnelles. Cette technique se trouve au croisement entre la cuisson à l'eau bouillante d'aliments préemballés et la cuisson à basse température, mais utilise des ustensiles plus élaborés pour obtenir un résultat plus uniforme et homogène.

De toutes les techniques présentées dans ce livre, c'est la plus utile au quotidien. Elle vous aidera à améliorer votre manière de cuisiner et vous fera gagner du temps car les aliments peuvent être cuits à l'avance, réfrigérés puis réchauffés. De plus, les plats préparés sous vide se conservent plus longtemps au réfrigérateur. Par ailleurs, une fois que vous avez préparé les ingrédients, que vous les avez mis sous vide et plongés dans le bain-marie, vous pouvez vaquer à vos occupations librement, contrairement à d'autres techniques de cuisson.

Contexte

Cette technique a été découverte par des ingénieurs américains et français dans les années 1960, à partir de recherches antérieures menées par Sir Benjamin Thompson à la fin du 18e siècle. Elle a commencé à être utilisée dans les cuisines des restaurants dans les années 1970 par le chef français Georges Pralus au restaurant Troisgros, puis a été popularisée par le chef américain Thomas Keller en 2008 dans son livre *Under Pressure: Cooking Sous Vide*. Elle est aujourd'hui utilisée couramment dans tous types de restaurants, pas uniquement ceux considérés comme modernistes. Encore mieux, le matériel utilisé (auparavant conçu pour les laboratoires scientifiques et très onéreux) est désormais produit pour un usage domestique, et vendu à un prix plus raisonnable. La cuisson sous vide est en passe de devenir une technique très populaire chez les cuisiniers amateurs, alors n'hésitez pas à vous lancer !

Le principe scientifique sous-jacent

Le chef Georges Pralus s'est aperçu que lorsqu'il faisait cuire un foie gras sous vide, il parvenait à lui faire conserver son apparence, obtenait une texture uniforme et qu'il perdait moins de gras qu'avec les techniques de cuisson traditionnelles. Ce sont les principaux bénéfices de cette technique de cuisson révolutionnaire. Mais afin de mieux la comprendre et s'en servir, il est important d'avoir une idée des principes scientifiques à l'œuvre.

La méthode de cuisson sous vide stabilise l'élément température dans l'équation « température/temps » car le bain-marie dans lequel la préparation est plongée est réglé à une température fixe (préréglée avant d'y mettre la nourriture). Cela signifie que la totalité de la surface des ingrédients emballés sous vide est entourée d'une température homogène qui ne varie pas pendant toute la durée de la cuisson. En conséquence, la nourriture est cuite uniformément, contrairement au résultat obtenu avec les techniques de cuisson conventionnelles, où l'extérieur des ingrédients est plus cuit que l'intérieur.

Les températures de cuisson sont généralement basses. Elles sont comprises entre 55 et 60 °C pour la viande et un peu plus élevées pour les légumes. Ainsi, au cours de la cuisson d'une viande à basse température, le collagène dur qui se trouve dans les tissus conjonctifs se transforme en gélatine sans que les protéines de la viande soient dénaturées au point que les jus s'échappent, ce qui pourrait la rendre dure et sèche. De même, la basse température permet de cuire les légumes tout en conservant leur texture croquante.

Les autres avantages de la cuisson sous vide sont, entre autres, les suivants : les aliments sont cuits dans leurs propres jus et les retiennent ; ils ne s'oxydent pas puisqu'ils sont emballés dans un sac hermétique ; la température peu élevée permet de conserver davantage les nutriments ; les aliments peuvent être cuits pendant longtemps sans être surcuits car la température à cœur ne dépasse pas celle du bain-marie ; les aliments emballés dans les sacs hermétiques peuvent être conservés au réfrigérateur pendant plus longtemps avant de se périmer.

Mais cette technique a toutefois quelques inconvénients. Le premier et le plus important concerne la santé et la sécurité des viandes cuites à basse température. Combiné au temps de cuisson relativement long nécessaire pour que les aliments atteignent la température à cœur désirée, cela crée un environnement idéal pour le développement des bactéries si la nourriture n'a pas été correctement manipulée. Afin d'être pasteurisée, une viande cuite

La technique sous vide constitue une manière délicieuse et innovante de préparer le saumon (voir recette page 84).

1
MAGIC VAC
Alice
MAN
SEAL
SEAL
ON
Clifton food range

lentement pour la rendre tendre doit atteindre une température d'au moins 55 °C en quatre heures puis être conservée à cette température.

Le second inconvénient de cette technique est l'absence de coloration (réaction de Maillard), alors que ce processus apporte de nouveaux parfums et textures. La réaction de Maillard se produit à des températures supérieures au point d'ébullition. Elle n'a donc pas lieu lors de la cuisson sous vide. Pour compenser cela, les chefs peuvent saisir la viande dans une poêle très chaude afin que seul l'extérieur soit cuit avant de la faire cuire au bain-marie.

Matériel et ingrédients

1. Machine à emballer sous vide

   Elle permet de retirer l'air d'un sac ou autre contenant en produisant un vide, ce qui réduit le volume de stockage et protège les aliments de l'oxydation. Les appareils professionnels sont très onéreux. Nous vous conseillons de choisir un modèle domestique. Leur principal inconvénient est de ne pas permettre d'emballer des liquides sous vide, mais il existe des moyens de contourner ce problème, expliqués dans les pages suivantes (voir Astuces page 83).

2. Bain-marie

   Un bain-marie est un bassin d'eau dont on peut contrôler la température, ce qui permet de faire cuire des aliments à une température prédéfinie pendant plusieurs heures. C'est un appareil très facile à utiliser. Pour ce livre, nous avons utilisé un modèle commercialisé par Clifton Food Range, une société qui fabrique du matériel d'excellente qualité, fiable, résistant et esthétique.

Préparation et temps de cuisson

Réglez la température du bain-marie et laissez-le chauffer à la bonne température avant d'y plonger les aliments (la température de l'eau peut légèrement diminuer à ce moment en fonction de la température des ingrédients et de la taille du bain-marie, mais elle remontera rapidement).

Emballez vos ingrédients sous vide. Toutes les machines ne permettent pas d'emballer des liquides. Tous les sachets d'emballage sous vide ne sont pas utilisables dans un bain-marie (certains ne sont conçus que pour la conservation d'aliments).

Quand l'eau du bain-marie est à la température désirée, plongez-y les sacs et programmez un minuteur ou regardez l'heure pour savoir à quel moment arrêter la cuisson.

Pour connaître les températures et temps de cuisson, référez-vous au guide de la cuisson sous vide (en anglais) : www.sousvidesupreme.com.

Astuces

1. Faites des essais en emballant des aliments avec des liquides (jus, bouillon, huile, alcool, etc.), des herbes, des aromates qui cuiront avec les jus naturels des ingrédients et créeront des saveurs encore plus complexes et intéressantes.
2. Si votre machine à emballer sous vide ne permet pas d'emballer des liquides, placez ceux-ci au réfrigérateur ou au congélateur pour qu'ils durcissent (les jus de viande et certaines graisses durcissent au réfrigérateur, les autres liquides peuvent être congelés).
3. Veillez à ne pas trop saler, poivrer ou épicer les ingrédients avant de les emballer sous vide car les saveurs s'intensifient avec la cuisson prolongée.
4. Utilisez un thermomètre digital muni d'une sonde pour mesurer la température à cœur des aliments cuits.
5. Si vous ne consommez pas immédiatement les aliments après la cuisson, plongez-les (encore emballés) dans un bain d'eau glacée pour que leur température baisse rapidement jusqu'à 5 °C afin de réduire le risque de développement de bactéries.
6. Ne faites pas cuire des ingrédients congelés avec cette technique. En effet, le temps nécessaire pour que leur température à cœur soit suffisamment élevée pour n'occasionner aucun risque serait trop long et pourrait entraîner le développement de bactéries.

Des jaunes d'œufs préparés avec la technique de cuisson sous vide, panés dans de la chapelure puis frits, font de délicieux tapas.

saumon sous vide

INGRÉDIENTS

600 g de filet de saumon
2 ml (½ c. à c.) d'huile d'olive
3 g (¾ de c. à c.) de sel
3 g (¾ de c. à c.) de sucre extra-fin
le zeste de 1 citron

Pour 4 personnes

1. Retirez la peau du filet de saumon et jetez-la. Coupez le filet en 4 morceaux de taille égale.
2. Massez délicatement les morceaux avec l'huile d'olive, salez-les, sucrez-les et parsemez-les de zeste de citron (sur le côté coupé, mais pas côté peau).
3. Placez-les dans un sachet pour cuisson sous vide et scellez-le. Plongez le sachet dans un bain-marie préchauffé à 53 °C et faites cuire 15 à 20 minutes en fonction de l'épaisseur des morceaux.
4. Sortez le sachet du bain-marie et retirez les morceaux de saumon. Voici un saumon parfaitement cuit !

Comment le servir

- Saumon, chou frisé et sauce vierge
- Saumon, purée de pommes et sauce à l'encre de seiche (photo ci-contre)
- Saumon, couscous aux raisins secs et à la coriandre

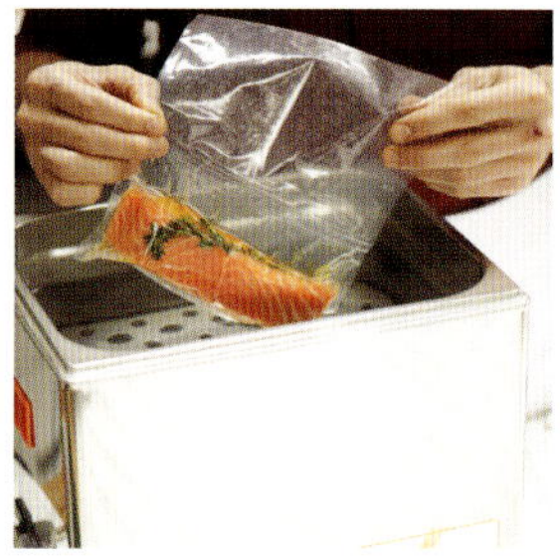

queue de boeuf sous vide

INGRÉDIENTS

8 queues de bœuf
150 ml de vin rouge
350 ml de bouillon de bœuf
2 feuilles de laurier
3 baies de genévrier
2 gousses d'ail
sel

Pour 4 personnes

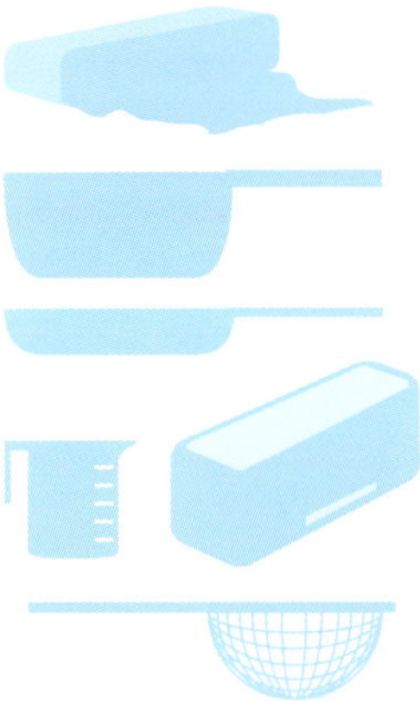

1. Saisissez les queues de bœuf dans une poêle chaude pour qu'elles dorent de tous les côtés.
2. Retirez-les de la poêle et versez-y le vin rouge. Portez à ébullition puis baissez le feu, laissez mijoter 2 minutes et retirez du feu.
3. Mélangez tous les ingrédients puis divisez la préparation en 2 parts égales. Versez-la dans 2 sachets pour cuisson sous vide et scellez-les. Si votre appareil de mise sous vide ne permet pas d'emballer les liquides, voir les Astuces page 83.
4. Placez les sachets scellés dans un bain-marie préchauffé à 80 °C et faites-les cuire 10 heures.
5. Sortez les sachets du bain-marie, ouvrez-les, retirez les queues de bœuf et réservez le jus de cuisson.
6. Filtrez le jus à travers un tamis fin et versez-le dans une casserole. Portez à ébullition puis baissez le feu et laissez réduire à petits bouillons.
7. Quand le jus a bien réduit et nappe le dos d'une cuillère, ajoutez les queues de bœuf et arrosez-les. Assaisonnez et servez.

Comment la servir

- Queues de bœuf, compote de pommes et légumes de saison (photo ci-contre)
- Hamburger de queue de bœuf (détachez la viande des os entre les étapes 5 et 6)
- Queues de bœuf et papardelles au persil et au parmesan

potiron sous vide

INGRÉDIENTS

1 petit potiron

sel

30 g de beurre

Pour 4 personnes

1. Coupez le potiron en deux, retirez les graines, coupez-le en quartiers puis épluchez-les.
2. Coupez les quartiers en cubes de 2,5 cm et salez-les. Mettez-les avec le beurre dans un sachet pour cuisson sous vide et scellez le sachet.
3. Placez le sachet dans un bain-marie préchauffé à 80 °C et faites cuire jusqu'à ce que le potiron soit tendre, soit 2 à 4 heures en fonction de la variété de potiron et de la taille des cubes. (Environ 4 heures pour des cubes de 1,5 cm.)
4. Retirez le sachet du bain-marie, videz-le dans un blender et mixez pour obtenir une purée onctueuse.

Comment le servir

- Purée de potiron (ajoutez du bouillon de légumes et de la crème à l'étape 2 et filtrez à travers un tamis fin), noix de Saint-Jacques poêlées et boudin noir (photo ci-contre)
- Écrasé de potiron, poulet rôti au miel et lard fumé croustillant (au lieu de mixer le potiron à l'étape 4, écrasez-le à la fourchette)
- Soupe de potiron à la sauge et au miel (ajoutez de la sauge dans le sachet à l'étape 2 puis du bouillon de légumes, du miel et une pointe de crème pendant l'étape 4, et filtrez à travers un tamis fin)

technique 5 :
la transglutaminase

La transglutaminase est une enzyme naturelle qui a la capacité de lier des tissus animaux. Les chefs l'appellent plus couramment « colle à viande » puisque c'est sa principale utilité en cuisine (mais elle est aussi utilisée dans l'industrie alimentaire). La transglutaminase ne modifie pas directement la saveur ou la texture des aliments. Elle lie simplement les tissus animaux entre eux. Cela permet à des chefs innovants de créer de nouvelles associations intéressantes, l'exemple le plus connu étant celui des pâtes de crevettes du chef américain Wylie Dufresne dans lequel les pâtes sont constituées uniquement de chair de crevettes. La transglutaminase permet de lier des chairs du même type ou de type différent. Vous pouvez par exemple lier des noix de Saint-Jacques entre elles ou avec du lard fumé.

Contexte

La transglutaminase a été découverte en 1959. Elle était très chère à produire jusqu'à la fin des années 1980, lorsque des chercheurs d'une entreprise japonaise appelée Ajinomoto ont découvert une technique simple pour la produire en grande quantité, faisant ainsi baisser son prix.

La transglutaminase est utilisée dans la production industrielle de divers produits alimentaires depuis des années, notamment la charcuterie (pour lier), les yaourts (pour les épaissir et réduire la quantité d'eau remontant à la surface) ainsi que dans les fromages, pâtes et pains industriels (pour la texture). Elle est depuis peu utilisée par des chefs dans les restaurants, principalement pour lier des chairs.

Le principe scientifique sous-jacent

Il peut sembler quelque peu étrange d'utiliser une enzyme en cuisine, mais rappelons que les enzymes y sont présentes depuis plusieurs milliers d'années. C'est par exemple le cas de la présure, utilisée pour faire cailler le lait lors de la fabrication du fromage. Des enzymes (parmi lesquelles la levure) sont utilisées pour briser les sucres lors de la fermentation de la bière et pour en maîtriser la viscosité (bière ou autres liqueurs maltées) et, enfin, la papaïne et la bromélaïne (issues respectivement de la papaye et de l'ananas) sont couramment utilisées pour attendrir la viande.

La transglutaminase a plusieurs avantages : lier des préparations à base de viande sans utiliser de boyaux ou d'œuf (idéal pour les personnes allergiques), préparer des plats originaux comme obtenir des portions uniformes et égales en liant les chairs puis en les coupant en morceaux, et d'essayer de nouvelles associations comme des filets de poulet et steak.

Astuces

1. Une fois que la nourriture est « collée », il ne faut pas la manipuler jusqu'à ce que la colle ait pris.
2. Réfléchissez bien aux associations. Toutes les chairs (viande ou poisson) n'ont pas le même temps de cuisson. Une noix de Saint-Jacques sera trop cuite si elle est collée à un morceau de poulet.
3. Conservez les paquets ouverts en les emballant bien (l'emballage sous vide est une bonne idée) et en les plaçant au congélateur (cela ralentit la réaction de collage de l'enzyme jusqu'à la prochaine utilisation).
4. Les viandes cuites peuvent être collées ensemble, mais elles se lieront mieux lorsqu'elles sont crues.
5. Essayez de procéder au collage en 30 minutes. Si vous utilisez une solution de transglutaminase dissoute dans l'eau, jetez les restes.
6. Utilisez toujours de la viande fraîche pour éviter le développement de bactéries.
7. Limitez le contact avec la peau (portez des gants), n'inhalez pas la transglutaminase et évitez le contact avec les yeux.

Préparation et temps de cuisson

En règle générale, il faut une proportion de transglutaminase comprise entre 0,75 et 1 % du poids total des ingrédients.

La transglutaminase est vendue sous forme de poudre et s'utilise de deux manières : saupoudrée légèrement et uniformément sur la surface de la chair à l'aide d'un tamis ou moulin à poivre, ou délayée dans de l'eau (suspension) (à raison de deux parts d'eau pour une part de transglutaminase) puis étalée au pinceau sur la chair. Si vous préparez une suspension, jetez l'excédent non utilisé au

1
2
3
TCM

cours des 30 minutes suivant la préparation. Remarque : seule la surface devant être collée doit être enduite.

Quand les surfaces de chair sont enduites, mettez-les les unes contre les autres et appuyez pour faire sortir les éventuelles bulles d'air. Emballez dans du film alimentaire ou sous vide et laissez reposer au minimum pendant 3 heures au réfrigérateur pour que le processus de liaison se fasse.

Il existe également une technique de prise par la chaleur, qui est plus rapide (entre 5 et 20 minutes). Il faut que les ingrédients soient chauffés entre 50 et 58 °C et que la température à cœur soit de 55 °C. Cette technique est généralement utilisée en immergeant les ingrédients préparés avec la transglutaminase dans un bain-marie (car celui-ci permet d'avoir une température stable et précise) pendant 5 minutes à partir du moment où la température à cœur est de 55 °C. Une fois cela terminé, les aliments peuvent être sortis du bain-marie et cuits.

Matériel et ingrédients

1. Transglutaminase

   Vendue sous forme de poudre, par exemple sur modernistpantry.com.

2. Tamis métallique

   Ustensile le plus pratique pour saupoudrer la transglutaminase.

3. Pinceau

   Alternative au saupoudrage, il est possible d'appliquer au pinceau une solution 2 pour 1 d'eau et de transglutaminase.

daurade farcie au pesto de tomates séchées

INGRÉDIENTS
2 filets de daurade
70 ml (5 c. à s.) de pesto de tomates séchées
solution de transglutaminase

Pour 1 personne

1. Posez les deux filets, sur la peau, sur une planche à découper. Étalez le pesto au centre de l'un des deux filets.
2. Badigeonnez la solution sur la chair du poisson, au pinceau, et posez les deux filets l'un contre l'autre. Enveloppez-les dans du film alimentaire ou un sachet sous vide et laissez reposer 2 heures au réfrigérateur.
3. Sortez les filets du film alimentaire/sachet sous vide et faites-les cuire à la poêle, au gril ou au four. Le temps de cuisson sera plus long si le filet est plus épais.

Comment la servir

- Daurade poêlée farcie au pesto de tomates séchées, servie avec du riz au safran et des légumes de saison (photo ci-contre)
- Daurade farcie au pesto de tomates séchées, cuite au four, champignons cuits et mozzarella di bufala
- Daurade grillée farcie au pesto de basilic (pour remplacer le pesto de tomates à l'étape 1), légumes d'été grillés

saucisse de crevette épicée

INGRÉDIENTS

450 g de crevettes crues, décortiquées
3 ml (¾ de c. à c.) de paprika fumé
3 ml (¾ de c. à c.) de piment de Cayenne
5 ml (1 c. à c.) de sel
35 g d'échalotes en dés caramélisées
1 ml (¼ de c. à c.) de thym
3 ml (¾ de c. à c.) de pâte d'ail
15 ml (1 c. à s.) de sauce Worcestershire
5 ml (1 c. à c.) de transglutaminase

Pour 4 personnes

1. Mixez la moitié des crevettes avec tous les autres ingrédients sauf la transglutaminase, au robot.
2. Coupez le reste des crevettes en morceaux de taille moyenne.
3. Ajoutez-les à la préparation et mélangez.
4. Saupoudrez un tiers de la transglutaminase sur la préparation et mélangez. Répétez l'opération deux fois pour l'incorporer de manière homogène
5. Déposez la préparation sur une feuille de film alimentaire et roulez-la pour former une saucisse. Placez-la toute une nuit au réfrigérateur pour qu'elle prenne.
6. Mettez la saucisse toujours emballée dans un sachet sous vide et placez-la dans un bain-marie préchauffé à 60 °C pendant 20 minutes.
7. Sortez-la du bain-marie et plongez-la immédiatement dans un bain d'eau glacée pendant 20 minutes.
8. Sortez la saucisse du sachet et retirez le film alimentaire. Coupez-la en rondelles et faites-les dorer dans une poêle chaude dans un peu d'huile d'olive.

Comment la servir

- Canapés de saucisse de crevette épicée et salsa de mangue (photo ci-contre)
- Saucisse de crevette épicée et pâtes aux fruits de mer
- Saucisse de crevette épicée et riz au curry rouge thaï et noix de coco

noix de Saint-Jacques au lard fumé

INGRÉDIENTS

6 grosses noix de Saint-Jacques

6 tranches de lard fumé

solution de transglutaminase

Pour 2 personnes

1. Ébarbez les noix de Saint-Jacques et retirez le corail. Lavez-les et séchez-les délicatement.
2. Parez les tranches de lard pour qu'elles aient la bonne taille pour envelopper les noix. Étalez-les sur une planche à découper et badigeonnez-les avec la solution de transglutaminase, au pinceau.
3. Posez une noix sur chaque tranche et roulez le lard autour pour les envelopper.
4. Emballez chaque noix au lard fumé séparément dans du film alimentaire et laissez reposer 2 heures au réfrigérateur.
5. Préchauffez le four à 220 °C. Retirez les noix lardées du film alimentaire et faites-les cuire des deux côtés dans une poêle chaude, dans de l'huile d'olive, pour qu'elles soient bien dorées.
6. Faites-les ensuite cuire au four préchauffé pendant 5 minutes environ, en fonction de leur taille.

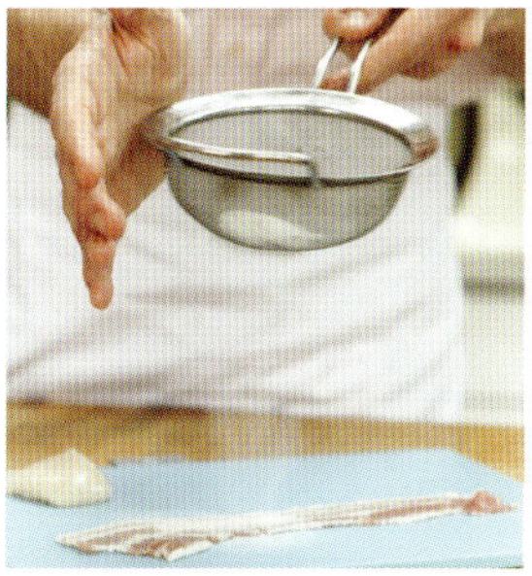

Comment les servir

- Canapés de noix de Saint-Jacques enveloppées de lard fumé (photo ci-contre)
- Noix de Saint-Jacques au lard fumé, boudin noir et purée de potiron
- Lotte et noix de Saint-Jacques au lard fumé sautées et jus de vin rouge

technique 6 :
les gels froids et les gels fluides

Les gels froids sont de plus en plus populaires en cuisine. Présents surtout dans les desserts au départ, ils sont maintenant proposés en entrée et parfois en plat principal. Cela s'explique par le fait que les chefs connaissent de mieux en mieux les différents agents gélifiants et leurs applications et propriétés.

Il existe de nombreux agents gélifiants. Dans ce chapitre, nous nous concentrons sur la gélatine, le carraghénane et la gomme xanthane qui peuvent être utilisés de différentes manières et qui ont des propriétés variées. Cela vous aidera à comprendre les bases de la gélification.

agents gélifiants

Gélatine

La gélatine est probablement le gélifiant le plus connu des cuisiniers amateurs et professionnels. Elle est extraite du collagène des os ou de la peau (le plus souvent de porc ou de bœuf). Elle a commencé à se faire connaître dans le monde de la cuisine au 17ᵉ siècle puis est devenue un ingrédient courant autant pour les chefs que dans l'industrie agroalimentaire où elle est utilisée pour préparer des gelées, bonbons gélifiés, chamallows, mousses, desserts, glaces et yaourts.

Propriétés : La gélatine permet de réaliser des gelées souples, à fermeté variable en fonction de la quantité utilisée. Elle forme un gel thermoréversible, relativement transparent, qui libère bien les arômes. Elle est très polyvalente et insensible au pH, elle peut donc être utilisée pour gélifier des jus, des alcools et des produits laitiers. Son autre avantage principal est qu'elle peut se dissoudre dans une petite quantité de liquide puis être incorporée au reste de liquide, ce qui signifie qu'il n'est pas nécessaire de chauffer la totalité de la solution. En revanche, son gel ne peut pas être congelé et il se brise lorsqu'il est agité.

Utilisation : La gélatine est vendue sous forme de poudre ou de feuilles translucides très fragiles. Elle est utilisée à une concentration de 1 à 1,5 %. On utilise généralement au minimum quatre feuilles pour 1 litre de préparation pour avoir un gel mou et au maximum vingt feuilles par litre pour avoir un gel plus ferme et difficile à mâcher.

Faites tremper les feuilles dans de l'eau froide pendant quelques minutes pour les réhydrater puis pressez-les pour ôter l'excédent d'eau. Ajoutez-les dans un liquide chaud (50 °C) et mélangez pour les dissoudre. Une fois qu'elles sont dissoutes, versez la préparation dans un moule et laissez prendre au réfrigérateur (à 4 °C) pendant 3 heures environ. Si vous utilisez de la gélatine en poudre, il suffit de la mélanger directement dans le liquide chaud.

Astuces

1. Veillez à bien hydrater les agents gélifiants. Les méthodes diffèrent et sont adaptées à chaque produit.
2. Variez les proportions. La différence entre une concentration de 1 ou 2 % est souvent remarquable et donne une texture différente en bouche.
3. Essayez de mélanger des agents gélifiants dans différentes proportions pour obtenir des gelées aux textures variées.

Carraghénane

Il existe trois types de carraghénane : kappa, lambda et iota (ce chapitre présente le kappa et le lambda), tous extraits de l'algue « irish moss ». Le carraghénane est utilisé depuis plusieurs siècles, au départ en tant qu'épaississant pour les puddings à base de lait. Il est également utilisé dans l'industrie agroalimentaire dans le jambon, les glaçages, les glaces, le lait stérilisé, le lait de soja, les sauces et, évidemment, les desserts à base de lait.

Propriétés : le carraghénane kappa donne un gel ferme et friable, qui ne se congèle pas bien et se brise lorsqu'il est agité. Le carraghénane iota forme un gel très élastique, qui se congèle bien et se reforme après agitation.

Tous deux sont thermoréversibles. Ils doivent être chauffés à 70 °C ou plus et ils durcissent en refroidissant, à des températures entre 40 et 60 °C.

Les gels obtenus sont plutôt flous (moins lorsqu'ils contiennent du sucre) et libèrent bien les arômes. Ils perdent leur viscosité et leur fermeté dans des solutions au pH inférieur à 4,3.

Les gels à base de carraghénane sont stables à température ambiante. Ils peuvent fondre à des températures entre 5 et 20 °C au-dessus de la température de gélification et regélifier ensuite.

Utilisation du carraghénane : le carraghénane est généralement utilisé à une concentration comprise entre 0,75 et 1 % dans de l'eau (ou des jus), de 0,35 à 0,5 % dans du lait pour obtenir des gels solides, et à des concentrations plus faibles pour avoir des gels fluides.

Dispersez le carraghénane dans un liquide froid (lait de préférence, mais cela fonctionne aussi avec des jus ou de la bière) à l'aide d'un mixeur plongeant (attention, les grumeaux nuisent à la viscosité ou à la fermeté du gel obtenu). Portez le liquide à ébullition, versez-le dans un moule puis laissez durcir à température ambiante ou au réfrigérateur.

Gomme xanthane

La gomme xanthane est obtenue par fermentation du glucose ou du sucrose par la bactérie *Xanthomonas campestris*. Elle agit comme épaississant et apporte de la viscosité aux liquides dans lesquels elle est dispersée. Elle ne donne pas un gel solide mais une solution qui ressemble à un gel lorsqu'elle est immobile et se verse facilement une fois mélangée. Elle est utilisée par l'industrie agroalimentaire pour fabriquer des sauces, pour remplacer le jaune d'œuf (épaississant), dans des pâtes, tartes, garnitures de tourtes, produits laitiers et sauces vinaigrette (notamment celles contenant des ingrédients en suspension). Elle est également utilisée pour créer des « gels fluides ».

Propriétés : la gomme xanthane est très polyvalente et fonctionne bien dans une large gamme de pH. Elle est résistante à la chaleur et au sel et peut être dispersée dans des liquides chauds ou froids, à l'exception de l'alcool dans lequel elle ne peut être dispersée directement, mais les solutions à base de gomme xanthane peuvent y être mélangées. Elle peut servir d'émulsifiant ou d'additif pour réduire la synérèse, et sa capacité à fixer les bulles d'air la rend très utile pour préparer des mousses. Enfin, elle est thixotropique, ce qui signifie qu'elle se liquéfie lorsqu'elle est agitée mais qu'elle durcit à nouveau au repos. Elle réduit également la formation de cristaux de glace et se raffermit lors de la décongélation.

Utilisation de la gomme xanthane : elle est généralement utilisée à des concentrations comprises entre 0,5 et 1 % (et parfois plus faibles pour des gels fluides).

Il faut la disperser dans un liquide (chaud ou froid). Cette étape est très facile à réaliser avec un mixeur plongeant. La solution peut être utilisée dès que la réhydratation est terminée.

1
2
3

Matériel et ingrédients

1. Gélatine

   Produit animal extrait du collagène des os ou de la peau. Elle est couramment utilisée par les chefs amateurs et professionnels pour préparer des gelées ou des mousses fermes.

2. Gomme xanthane (E415)

   Obtenue par fermentation des sucres par la bactérie *Xanthomonas campestris*. Elle est utilisée dans l'industrie agroalimentaire en tant qu'émulsifiant, épaississant et stabilisant. Elle est principalement utilisée comme épaississant par les chefs modernes pour transformer un liquide en gel fluide.

3. Carraghénane (E407)

   Substance naturelle extraite d'une algue rouge appelée « irish moss ». Elle est utilisée dans l'industrie agroalimentaire pour gélifier, épaissir et stabiliser. Elle est principalement utilisée comme agent gélifiant dans les cuisines des chefs modernes. Il existe trois types de carraghénane : kappa, lambda et iota.

4. Mixeur plongeant

   Également appelé pied mixeur. C'est un accessoire indispensable pour des chefs amateurs et un outil essentiel pour les cuisiniers moléculaires en herbe. C'est un mixeur manuel à bout ouvert qui permet de mélanger et de mixer des ingrédients dans un saladier. Il est idéal pour mélanger des agents gélifiants dans des liquides et créer des mousses et écumes incroyablement légères.

mousse de crabe

INGRÉDIENTS

140 g de chair de crabe
150 ml de consommé de crabe
50 ml de mayonnaise
15 ml (1 c. à s.) de sauce Worcestershire
3 gouttes de Tabasco
3 feuilles de gélatine
30 ml (2 c. à s.) d'eau tiède
150 ml de crème fouettée
ciboulette hachée
20 ml de jus de citron
sel et poivre, selon votre goût

Pour 2 personnes

1. Mixez la chair de crabe avec le consommé, la mayonnaise, le jus de citron et les sauces, au robot, pour obtenir une pâte homogène.
2. Réhydratez les feuilles de gélatine dans de l'eau froide. Une fois ramollies, dissolvez-les dans l'eau tiède.
3. Transférez la pâte de crabe dans un saladier et incorporez la crème fouettée et la ciboulette. Assaisonnez.
4. Ajoutez la solution de gélatine et mélangez bien.
5. Versez dans des ramequins ou moules chemisés de film alimentaire et laissez prendre au réfrigérateur.

Comment la servir

- Mousse de crabe et salade d'avocat, papaye et cresson, vinaigrette au piment (photo ci-contre)
- Mousse de crabe et salade de concombre, vinaigrette à la truffe
- Mousse de crabe, mangue hachée et sauce à la moutarde à l'ancienne

gelée de chocolat au lait

INGRÉDIENTS
50 ml de chocolat fondu
200 ml de lait
0,9 g de carraghénane iota

Pour 2 personnes

1. Mélangez le chocolat fondu avec le lait.
2. Incorporez le carraghénane iota en mélangeant à l'aide d'un mixeur plongeant jusqu'à ce qu'il soit totalement dispersé.
3. Faites chauffer la préparation à 85 °C.
4. Versez-la dans un (des) moule(s) et laissez prendre au réfrigérateur.
5. Une fois qu'elle est prise, mélangez la gelée au blender pour obtenir un gel fluide de chocolat au lait.

Comment la servir

- Fraises enrobées de gelée au chocolat (trempez les fraises dans la préparation tiède après l'étape 3 et placez au réfrigérateur) (photo ci-contre)
- Canapé de gelée au chocolat garni de fraises et menthe
- Brownies au beurre de cacahuètes et gel fluide au chocolat

utilisations de la gomme xanthane (E415)

Fruits en suspension dans un punch

À l'aide d'un mixeur plongeant, incorporez de la gomme xanthane dans un punch aux fruits de votre choix à hauteur de 0,2 % du poids du liquide. Filtrez à travers un tamis fin et laissez reposer 2 heures. La préparation doit être suffisamment épaisse pour que vous puissiez y incorporer des morceaux de fruits (ou billes de caviar de fruits) qui resteront suspendus dans le punch (photo ci-contre)

Épaissir un milk-shake

À l'aide d'un mixeur plongeant, incorporez de la gomme xanthane dans un milk-shake à hauteur de 0,1 % du poids du liquide. Celui-ci épaissira instantanément.

Gel fluide aux fruits

À l'aide d'un mixeur plongeant, incorporez de la gomme xanthane dans un jus de fruits à hauteur de 0,5 % du poids du jus. Il sera alors suffisamment épais pour être servi à la cuillère dans des assiettes.

technique 7 :
les gels thermorésistants

L'utilisation de gels tièdes est de plus en plus répandue dans les cuisines modernistes, en grande partie car ce phénomène perturbe nos sens : nous nous attendons à ce qu'un gel soit froid car nous sommes habitués aux gelées (généralement à base de gélatine) et, par conséquent, les ingrédients à la texture gélifiée mais tièdes nous semblent incongrus. Il existe plusieurs agents gélifiants tolérant plus ou moins bien la chaleur. Dans ce chapitre, nous avons choisi de présenter l'agar-agar, la méthylcellulose et la gomme gellane, dont les propriétés et utilisations diverses vous aideront à comprendre le fonctionnement de ces gels.

agents gélifiants

Agar-agar

L'agar-agar, parfois simplement appelé agar, est un agent gélifiant obtenu à partir d'algues rouges. Les Japonais et d'autres pays d'Extrême-Orient l'utilisent depuis des siècles, principalement dans des desserts. Vous en trouverez dans des épiceries asiatiques et même désormais dans des hypermarchés.

S'il était déjà couramment utilisé en Orient, l'agar-agar n'a gagné ses lettres de noblesse dans les cuisines occidentales qu'après avoir été utilisé par le chef Ferran Adriá du restaurant espagnol El Bulli, qui a mis en avant sa principale propriété : une fois durci, le gel d'agar-agar ne fond pas en dessous d'une température de 85 °C environ.

Propriétés : L'agar-agar n'est soluble que dans des liquides chauffés à plus de 90 °C. Il forme un gel ferme, thermoréversible, qui durcit à température ambiante. Il tolère une large gamme de pH et peut être utilisé dans des liquides aussi bien sucrés que salés. Il se brise lorsqu'il est agité (et peut donc former un gel plutôt fluide) et n'est pas stable à la congélation. Il favorise moyennement bien la libération des arômes et son goût peut interférer légèrement avec celui du liquide gélifié.

Utilisation de l'agar-agar : L'agar-agar est vendu sous différentes formes : poudre, bâtonnets translucides ou copeaux. Il est utilisé à des concentrations comprises entre 0,5 et 2 %. Pour le réhydrater, portez à ébullition le liquide à gélifier et incorporez l'agar-agar au fouet. Une fois qu'il est dissous dans la solution et que celle-ci est onctueuse, retirez du feu et versez dans un moule. Laissez prendre à température ambiante ou au réfrigérateur pendant 15 à 30 minutes.

Tube en plastique utilisé pour préparer des nouilles gélifiées (voir recette page 126).

Méthylcellulose

La méthylcellulose est un composé chimique dérivé de la cellulose (les cellules structurales des végétaux vivants). C'est un agent gélifiant fascinant car il se transforme en gel solide en chauffant, contrairement à tous les autres. Il peut par ailleurs servir d'épaississant et d'émulsifiant et il est largement utilisé par les industries cosmétiques et alimentaires dans des shampoings, dentifrices, savons liquides, pâtisseries/viennoiseries (principalement les garnitures de tartes pour que celles-ci ne se répandent pas pendant la cuisson), glaces, sauces.

La méthylcellulose permet aux chefs de créer de nouveaux plats délicieux, par exemple des feuilles de mozzarella chaudes, des nouilles gélifiées chaudes et même de la glace chaude (qui fond en refroidissant !).

Propriétés : Il faut savoir qu'il existe plusieurs types de méthylcellulose : A, SG A, E, F et K. Les types A (SG A et A) sont des méthylcelluloses (MC). Les types E, F et K sont des hydroxypropyles de méthylcellulose (HPMC). Chaque type possède des propriétés différentes en termes de viscosité, température de gélification et caractéristiques du gel.

En général, les gels de méthylcellulose sont thermoréversibles, libèrent bien les arômes, sont solubles dans des liquides froids (et peuvent être incorporés à des liquides chauds à condition de les faire refroidir rapidement en dessous de la température de gélification, pour les types A et SG A). De plus, ils durcissent rapidement, sont stables à la congélation et tolérants à une large gamme de pH (de 2 à 13) et se brisent lorsqu'ils sont agités.

Utilisation de la méthylcellulose : La méthylcellulose est vendue sous forme de poudre et utilisée à des concentrations comprises entre 0,75 et 2 %.

Chauffez le liquide à gélifier à une température supérieure à 55 °C (mais en dessous de 100 °C, soit un léger frémissement). Incorporez la méthylcellulose en fouettant puis retirez du feu et placez la solution dans un bain glacé ou ajoutez-y un liquide froid pour qu'elle atteigne une température inférieure à la température de gélification. La solution doit être mélangée sans arrêt pendant le refroidissement pour que la méthylcellulose se dissolve totalement, mais il ne faut pas la fouetter plus que nécessaire pour éviter la création de bulles d'air. Laissez reposer quelques heures (de préférence toute une nuit) pour que la méthylcellulose se réhydrate complètement.

La solution commencera à durcir ensuite. Pour vérifier que la méthylcellulose est bien réhydratée, plongez une petite quantité de préparation dans de l'eau frémissante. Elle doit former un gel.

Une fois rempli de gel durci, le tube est vidé délicatement à l'aide d'une seringue remplie d'air pour former des nouilles.

Type	Température de gélification	Caractéristique du gel
A	50 °C – 55 °C	Gel ferme
SG A	38 °C – 44 °C	Gel ferme, rigide
E	58 °C – 64 °C	Gel semi-ferme
F	63 °C – 68 °C	Gel semi-ferme
K	70 °C – 90 °C	Gel mou

Gomme gellane

La gomme gellane est un agent gélifiant obtenu par fermentation de *Sphingomonas elodea*, un type de bactérie qui se développe sur les plantes aquatiques. C'est un agent gélifiant unique, très résistant à la chaleur. Une fois prise, la gelée peut être réchauffée jusqu'à 80 °C sans fondre (et parfois plus, en fonction du type de gellane utilisé).

Elle est également utilisée comme épaississant, stabilisant et émulsifiant, et la gomme gellane à teneur faible en acyle peut même être utilisée pour la sphérification en remplacement de l'alginate de sodium (mais le processus est plus complexe car elle est très sensible aux sels de calcium, potassium et sodium). L'industrie agroalimentaire l'utilise dans des pâtisseries/viennoiseries, des bonbons mous, des confitures, des gelées, des sauces et des produits laitiers.

Propriétés : Il existe deux types de gomme gellane : à teneur élevée ou à teneur faible en acyle, qui ont chacun leurs propriétés et caractéristiques de gel.

Tous deux se brisent lorsqu'ils sont agités et forment d'excellents gels fluides. Par ailleurs, mélangés ensemble, ils permettent d'obtenir des gels extrêmement polyvalents, possédant une combinaison des caractéristiques et propriétés des deux types. Pour obtenir une texture à mi-chemin entre celles de chaque type, utilisez une proportion de 75 % de gellane à teneur faible en acyle et 25 % de gellane à teneur élevée en acyle.

Utilisation de la gomme gellane : La gomme gellane est vendue sous forme de poudre et généralement utilisée à des concentrations comprises entre 0,1 et 1 %. Faites frémir le liquide à gélifier et incorporez la gomme gellane en fouettant jusqu'à complète dissolution. Retirez du feu, versez dans un moule et laissez prendre pendant 15 minutes à 1 heure au réfrigérateur.

	Teneur élevée en acyle	**Teneur faible en acyle**
Caractéristique du gel	souple	friable
Solubilité	liquides chauds	liquides chauds et froids
Apparence du gel	trouble	transparent
Libération des arômes	bonne	très bonne
Température de prise	70 °C – 80 °C	30 °C – 50 °C
Température de fonte	70 °C – 80 °C	ne fond pas
Thermoréversibilité	oui	non
Stabilité à la congélation	stable	non stable
Synérèse	oui	non
Tolérance pH	3-10	4-10

La gomme gellane doit être fouettée dans un liquide frémissant et bien mélangée pour obtenir un gel bien homogène.

2
1
3
5

Matériel et ingrédients

1. Agar-agar (E406)

   Agent gélifiant extrait d'une algue rouge. Il est généralement utilisé par les chefs pour préparer des gels résistants à la chaleur qui peuvent être servis à des températures allant jusqu'à 85 °C.

2. Méthylcellulose (E461)

   Composant synthétique issu de la cellulose. Généralement utilisé en tant qu'épaississant, stabilisant, émulsifiant, agent gélifiant et agent liant. Il est particulièrement intéressant en tant qu'agent gélifiant car il gélifie en chauffant. Il a inspiré des chefs qui ont créé grâce à lui des plats incluant des éléments tels que des feuilles de mozzarella chaudes, des nouilles gélifiées chaudes et même de la glace chaude, qui fond en refroidissant.

3. Gomme gellane (E148)

   Agent gélifiant obtenu par fermentation de *Sphingomonas elodea*, un type de bactérie qui se développe sur les plantes aquatiques. C'est un agent gélifiant unique, très résistant à la chaleur. Une fois prise, la gelée peut être chauffée jusqu'à 80 °C sans fondre.

4. Fouet

   Essentiel pour incorporer l'agar-agar, la gomme gellane ou la méthylcellulose à des liquides frémissants.

5. et 6. Seringue et tubes en plastique

   Essentiels pour préparer les nouilles de parmesan, voir page 126.

nouilles tièdes de parmesan

INGRÉDIENTS

200 ml de bouillon de légumes
200 g de parmesan frais râpé
6 g d'agar-agar

Pour 4 personnes

1. Portez le bouillon à ébullition, retirez-le du feu et ajoutez le parmesan. Couvrez et laissez reposer pendant 20 minutes. Filtrez à travers un tamis fin et réservez le liquide.
2. Portez l'eau de parmesan à ébullition puis baissez le feu et incorporez l'agar-agar en fouettant jusqu'à ce qu'il soit totalement dissous.
3. Remplissez une seringue à moitié avec la préparation et attachez-y un tube en plastique. Appuyez délicatement pour faire passer la préparation dans le tube en le laissant vide sur 2,5 cm à l'extrémité.
4. Plongez le tube rempli dans un bain d'eau glacée et laissez refroidir 2 minutes pour que la préparation au parmesan se transforme en gelée. Retirez le tube du bain d'eau glacée et séchez-le.
5. Remplissez d'air une seringue vide et attachez-la au tube rempli de gelée. Appuyez délicatement sur la seringue pour faire sortir la gelée du tube.
6. Répétez les étapes 3, 4 et 5 pour utiliser toute l'eau au parmesan. Servez immédiatement ou conservez jusqu'à 12 heures au réfrigérateur.

Remarque : l'agar-agar supporte des températures allant jusqu'à 85 °C sans fondre. Vous pouvez donc réchauffer les nouilles avant de les servir.

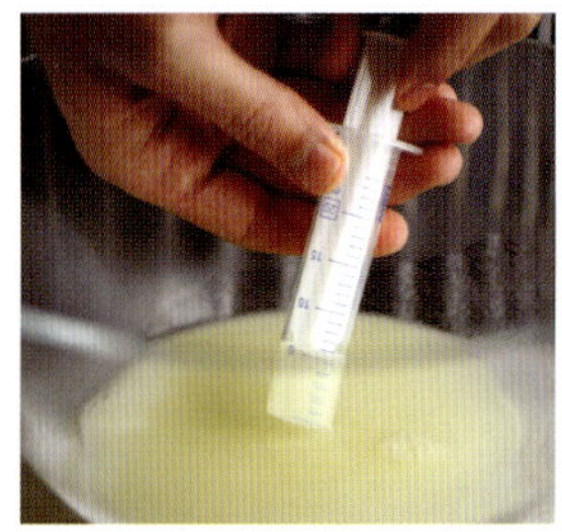

Comment les servir

- Nouilles de parmesan au prosciutto, asperges, œuf de caille poché et mousse (photo ci-contre)
- Nouilles de parmesan servies dans un consommé de volaille transparent

mousse tiède à la vanille

INGRÉDIENTS
450 g de Clotted cream (crème caillée)
80 ml de miel
les grains de 1 gousse de vanille
150 ml d'eau
10 g de méthylcellulose

Pour 4 personnes

1. Mélangez la crème caillée, le miel et les grains de vanille au blender.
2. Portez l'eau à ébullition et incorporez la méthylcellulose, en fouettant.
3. Une fois la méthylcellulose dissoute, versez dans le blender et mélangez avec les autres ingrédients pour obtenir une préparation homogène (mais ne mélangez pas plus que nécessaire pour éviter d'incorporer trop de bulles d'air).
4. Versez la préparation dans un saladier placé dans de l'eau glacée pour abaisser rapidement la température puis mettez toute une nuit au réfrigérateur.
5. Portez une casserole d'eau à frémissement. Prélevez un peu de crème à la vanille avec une cuillère/louche et placez-la délicatement dans l'eau chaude. La préparation va se détacher de la cuillère/louche après quelques secondes. Laissez « cuire » environ 2 minutes (en fonction de la forme et de la taille de vos cuillerées).
6. Retirez les petites mousses à la vanille avec une écumoire et servez.

Remarque : La méthylcellulose se transforme en gel en chauffant et fond en refroidissant.

Comment la servir

- Mousse tiède à la vanille, pommes et figues cuites au miel (photo ci-contre)
- Décorez vos mousses à la vanille comme un banana split et présentez-les comme une « glace chaude à la vanille »

fettucine tièdes de bouillon de poisson

INGRÉDIENTS

5 filaments de safran (facultatif)

250 ml de consommé de poisson non salé (bouillon de poisson clarifié)

5 ml (1 c. à c.) de gomme gellane

Pour 4 personnes

1. Mélangez les filaments de safran (si vous en utilisez) au consommé de poisson et portez-le à ébullition.
2. Incorporez la gomme gellane à l'aide d'un mixeur plongeant (sans trop aérer la préparation).
3. Filtrez le consommé à travers un chinois.
4. Versez-le sur une plaque et penchez-la délicatement pour que la préparation s'étale et forme une fine couche de gel (environ 1 mm d'épaisseur). (Cette étape est plus difficile qu'il y paraît car la gomme gellane durcit presque instantanément. Vous devrez peut-être faire plusieurs essais avant d'y parvenir.) Laissez prendre quelques minutes.
5. Décollez délicatement la feuille de gel et posez-la à plat sur une planche à découper.
6. Découpez de longues bandes d'environ 6 mm de largeur avec un couteau (et une règle). Les bandes de « pâtes » sont prêtes à être servies. Servez immédiatement ou conservez jusqu'à 12 heures au réfrigérateur.

Remarque : La gomme gellane peut être chauffée à haute température avant de fondre, vous pouvez donc réchauffer les « pâtes » avant de les servir.

Comment les servir

- Pâtes aux crevettes et fruits de mer avec fettucine de consommé de poisson (photo ci-contre)
- Poulet grillé et fettucine de consommé de volaille, sauce alfredo légère (remplacez le consommé de poisson par du consommé de volaille)
- Fettucine de consommé de poisson, huile au basilic et gros sel (ou sel à la truffe)

technique 8 : la déshydratation

La déshydratation est une technique qui consiste à faire sécher des aliments à des températures relativement basses afin d'en ôter l'humidité, ce qui donne aux ingrédients séchés une texture différente et modifie légèrement leur saveur. C'est une technique de conservation ancestrale, en plein renouveau grâce aux chefs modernistes qui s'en servent pour créer différentes textures et ajouter des touches intéressantes à des plats.

Contexte

Le séchage des aliments est une technique qui existe depuis l'aube de la civilisation et qui avait un objectif très important : les conserver. Jusqu'à l'arrivée du réfrigérateur, le séchage était essentiel.

Aujourd'hui, ces aliments sont consommés pour leur texture et leur saveur qui sont intensifiées par le processus de déshydratation. Les aliments déshydratés les plus courants sont les fruits (abricot, banane), la viande (surtout le bœuf) et les rouleaux de fruits (feuilles de fruits déshydratés).

Ces dernières années, des chefs ont repris le concept de la déshydratation pour introduire des touches créatives à leurs plats. Ferran Adriá, chef du restaurant El Bulli, a été l'un des premiers d'entre eux, en mettant au point la technique Croquanter. Mais il existe d'autres applications modernes de cette technique.

Techniques modernes de déshydratation

La technique Croquanter : elle consiste à déshydrater des ingrédients tels que du yaourt ou des purées de fruits pour obtenir des feuilles croustillantes de formes géométriques. Celles-ci sont utilisées pour ajouter de la texture et du goût à un plat et pour le décorer.

Poudres et terres : cela consiste à faire sécher des fruits et des légumes puis à les moudre pour obtenir une poudre fine ou grossière. En plus d'apporter une texture supplémentaire à un plat, ils lui donnent du goût et l'agrémentent joliment.

Mousses séchées : techniquement, les meringues sont une forme de mousse séchée, mais, dans ce contexte, l'expression renvoie à des mousses à base de liquides riches en eau (jus de légumes ou de fruits) auxquelles on a ajouté de la méthylcellulose et de la gomme xanthane. La préparation est ensuite déshydratée pour créer une mousse croustillante parfumée. L'objectif principal est d'apporter de la texture, du goût et un élément esthétique. C'est également une excellente manière de préparer des meringues sans œufs pour les personnes allergiques.

Astuces

1. Pour obtenir un résultat homogène, retournez les aliments et les plaques au cours du séchage (sauf pour les mousses).
2. Quand vous faites sécher des fruits ou des légumes, vérifiez à quel stade en est la préparation en déchirant un morceau en deux. Si des perles d'humidité se forment le long de la déchirure, la plaque n'est pas suffisamment sèche.
3. Les aliments séchés absorbent l'humidité de l'air. Il faut donc les conserver dans un contenant hermétique : boîte en plastique, bocal en verre ou sachet de congélation conviennent parfaitement. Placez les contenants dans un endroit frais et sec, à l'abri de la lumière et à température ambiante.

Préparation et temps de cuisson

Il est tout à fait possible de faire sécher des aliments dans un four domestique classique, mais les résultats ne sont pas optimaux et cela n'est pas très économe en énergie. La majorité des fours domestiques ne gardent pas une température égale, alors que cela est indispensable au processus de déshydratation. Si vous décidez d'utiliser votre four, réglez-le à la température la plus basse et laissez la porte entrouverte pour permettre la circulation de l'air, sinon il retiendra l'humidité et cela perturbera le processus.

Un déshydrateur alimentaire électrique permet d'obtenir les meilleurs résultats. Cet appareil coûte environ 50 €.

2
3

Il est économe en énergie et offre des résultats très homogènes.

La déshydratation est un processus long, qui nécessite plusieurs heures (jusqu'à 48 heures) pour obtenir le résultat attendu. Il faut donc de la patience et s'y prendre en avance. Après la déshydratation, les aliments doivent être conservés dans des contenants hermétiques pour qu'ils conservent leur texture croquante.

Matériel et ingrédients

1. Déshydrateur alimentaire

   Comme son nom l'indique, cet appareil a pour unique objectif de faire sécher des aliments à faible température pendant plusieurs heures. C'est un appareil très simple à utiliser (il suffit de le brancher et de régler la température) et qui peut être utilisé pour déshydrater des fruits, des légumes et de la viande pour préparer de bons en-cas. Dans ce livre, nous l'utilisons de manière un peu plus élaborée.

2. Feuilles antiadhésives (en Teflon®) ou papier cuisson

   Tous deux fonctionnent. Leur principale utilité est de servir de support pour les aliments placés dans le déshydrateur. La plupart des appareils sont équipés de plateaux perforés qui ne peuvent pas être utilisés avec les liquides et les gels.

3. Poche à douille

   Indispensable pour préparer les meringues à la canneberge sans œuf de la page 141.

terre d'olives séchées

INGRÉDIENT

Olives noires, dénoyautées

Pour 4 personnes

1. Essuyez les olives avec du papier absorbant et placez-les sur une plaque du déshydrateur.
2. Faites-les déshydrater pendant 24 heures à 65 °C pour qu'elles soient croustillantes. Si vous utilisez votre four, réglez-le à la température la plus basse et faites sécher les olives pendant 18 à 24 heures en laissant la porte entrouverte de 5 cm. Vous devrez rester chez vous pendant toute la durée de la cuisson pour ne pas laisser le four sans surveillance. Goûtez pour vérifier le croustillant pendant le processus.
3. Hachez grossièrement les olives séchées avec un robot.

Comment la servir

- Mousse de pecorino garnie de terre d'olives noires et jeunes pousses de basilic (photo ci-contre)
- Salade de tomates cerises, basilic et mozzarella di bufala saupoudrée de terre d'olives
- Condiment pour accompagner des viandes ou poissons

meringues à la canneberge (sans œuf)

INGRÉDIENTS
300 ml de jus
de canneberge
100 g de sucre extra-fin
7 g de méthylcellulose
1,5 g de gomme xanthane

Pour 6 personnes

1. Mélangez le jus de canneberge et le sucre dans une casserole, faites chauffer et laissez frémir jusqu'à ce que le sucre soit dissous.
2. Versez dans le bol d'un robot, ajoutez la méthylcellulose et mélangez au mixeur plongeant.
3. Une fois qu'elle est totalement dissoute, ajoutez la gomme xanthane et incorporez-la au mixeur plongeant.
4. Fixez le bol sur le robot équipé du fouet et mélangez à vitesse moyenne jusqu'à ce que des pointes se forment.
5. Mettez la préparation dans une poche à douille et disposez des petits tas sur les tapis du déshydrateur ou du papier sulfurisé.
6. Placez au déshydrateur pendant 6 heures à 65 °C pour que les meringues soient croustillantes.

Comment les servir

- Meringues à la canneberge garnies de mascarpone au citron vert (photo ci-contre)
- Meringues à la betterave garnies de fromage de chèvre
- Meringues au citron garnies de canneberge

chips de mangue

INGRÉDIENTS
3 mangues
ou 200 g de purée de mangues

Pour 6 personnes

1. Si vous utilisez des mangues fraîches, prélevez la chair et mixez-la au robot pour qu'elle soit bien lisse. Si ce n'est pas la saison, utilisez de la purée de mangues ou un autre fruit.
2. Étalez la purée sur le tapis d'un déshydrateur ou sur du papier cuisson sur une épaisseur d'environ 6 mm. Plus l'épaisseur est uniforme, plus le résultat sera réussi.
3. Placez au déshydrateur pendant 8 à 10 heures à 55 °C. Les chips sont prêtes lorsque la purée est devenue cassante et qu'il n'y a plus de taches d'humidité.

Comment les servir

- Chips de mangue et crème à la noix de coco (photo ci-contre)
- Chips de fruit de la passion
- Chips de fraise

technique 9 : l'infusion rapide

Le nom de cette méthode peut donner l'impression qu'elle est très technique, mais ce n'est pas le cas. En résumé, elle est utilisée pour infuser les arômes d'ingrédients poreux (grains de café, écorces de fruits, herbes) dans un liquide (eau, huile ou alcool) en quelques minutes. L'infusion rapide est utilisée de bien des manières par les chefs et les mixologues.

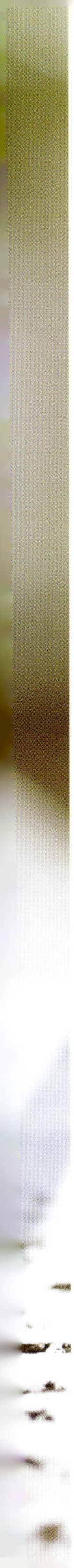

Contexte

Traditionnellement, les arômes sont infusés dans des liquides de deux manières : en faisant chauffer le liquide et en y ajoutant l'ingrédient à infuser (infusion chaude) ou en ajoutant l'ingrédient à infuser dans un liquide froid et en laissant infuser pendant plusieurs jours (infusion froide).

Plus récemment, Dave Arnold, directeur de la technologie culinaire à l'institut culinaire français de New York, a mis au point la technique appelée infusion rapide qui utilise un siphon (avec des cartouches de protoxyde d'azote ou de dioxyde de carbone) pour préparer des infusions froides en quelques minutes.

Le principe scientifique sous-jacent

Les infusions chaudes sont efficaces, mais leur inconvénient est de faire chauffer le liquide, ce qui peut modifier son goût. Prenons l'exemple de l'alcool : c'est un bon solvant, mais il est très volatil et perd la plupart de ses propriétés une fois chauffé. Il en va de même avec l'huile d'olive vierge extra : son goût unique et délicat peut être modifié de manière importante par la chaleur, elle est donc surtout utilisée dans des vinaigrettes ou des préparations froides. Ces ingrédients peuvent évidemment être infusés à froid, mais l'inconvénient est que cela nécessite plusieurs jours.

Les deux techniques traditionnelles comportent également le risque d'infuser autre chose que l'arôme principal, selon l'ingrédient utilisé. C'est notamment le cas du « piquant » du piment et de l'« amertume » des écorces de fruits : bien que ce ne soit pas l'objectif, ces saveurs sont parfois infusées dans les liquides.

L'infusion rapide fonctionne en utilisant la pression qui s'accumule dans le siphon pour faire pénétrer le liquide dans l'ingrédient infusé. Une fois la pression relâchée, les liquides sortent de l'ingrédient infusé et emportent les molécules de l'arôme qui se dispersent ensuite dans le liquide.

La majorité des recettes d'infusions froides utilisent des cartouches de protoxyde d'azote car celui-ci a un goût neutre, à la différence du dioxyde de carbone qui laisse un goût gazeux, généralement indésirable.

Huile d'olive infusée au citron instantanément (voir recette page 154)

4
1
2

Matériel et ingrédients

1. Siphon

   Cet appareil est l'équivalent réutilisable, pour les chefs professionnels, de la bombe de crème Chantilly. Il exsite une large gamme de siphons, et certains, moins cher, peuvent être difficiles à utiliser. Les siphons Isi sont très bien. Il peut être réutilisé avec différents liquides, gels et ingrédients solides pour préparer diverses crèmes, mousses et infusions.

2. Cartouches de gaz N_2O et CO_2

   Elles peuvent être utilisées pour préparer des concoctions aériennes ou pétillantes. Les cartouches de dioxyde de carbone conviennent davantage à la gazéification. Pour préparer des mousses, préférez les cartouches de protoxyde d'azote.

3. Tamis

   Il est essentiel d'utiliser un tamis très fin pour cette technique. La société iSi en commercialise un qui s'adapte parfaitement à l'entonnoir compatible avec le siphon.

Préparation et temps de cuisson

Versez le liquide (eau, huile ou alcool) à température ambiante dans le siphon puis ajoutez l'ingrédient à infuser. Fermez le siphon et introduisez les cartouches de gaz. Secouez le siphon pendant 30 secondes environ puis laissez reposer entre 30 secondes et 2 minutes. Le temps de repos influe sur l'intensité de l'infusion. Dans certains cas, un temps d'infusion long produit de meilleurs résultats, dans d'autres cas des arômes non voulus seront infusés, par exemple l'amertume ou le piquant. Il faut souvent faire plusieurs essais.

L'étape suivante consiste à libérer délicatement le gaz du siphon. Une fois qu'il est totalement vidé de son gaz, ouvrez le siphon et laissez reposer le liquide (qui devrait être mousseux) puis versez-le dans un saladier en le filtrant à travers un tamis. Le liquide parfumé peut être servi immédiatement ou conservé jusqu'au moment de servir.

Astuces

1. Utilisez des liquides à température ambiante. Les liquides froids ne s'infusent pas aussi bien.
2. Tenez le siphon à la verticale lorsque vous videz le gaz (tête vers le haut).
3. Placez la douille du siphon au-dessus d'un bol car un peu de liquide risque de s'échapper en même temps que le gaz.
4. Des ingrédients frais et de bonne qualité font vraiment la différence en terme de goût.
5. Les arômes s'intensifient plus ou moins en fonction de la durée de stockage du liquide infusé.
6. Faites des essais avec différents liquides, ingrédients à infuser et temps d'infusion.

raisin pétillant

INGRÉDIENTS
280 g de raisin blanc
250 ml de jus de raisin blanc

Pour 6 personnes

1. Mettez les grains de raisin au réfrigérateur pendant toute la nuit et placez-les 10 minutes au congélateur juste avant de les utiliser. Ils doivent être glacés mais pas congelés.
2. Humidifiez les grains et mettez-les dans le siphon.
3. Ajoutez le jus de raisin et fermez le siphon. Introduisez 2 cartouches de dioxyde de carbone (cartouches pour soda).
4. Placez le siphon au réfrigérateur pendant environ 4 heures. Le temps nécessaire à la dissolution du gaz dans les fruits dépend de leur type, de leur taille et de leur taux d'humidité.
5. Sortez le siphon du réfrigérateur et videz délicatement le gaz puis ouvrez-le et récupérez les grains de raisin pétillants. Ils ne le resteront que quelques instants, il faut donc les servir immédiatement. Vous pouvez remplacer le raisin par d'autres fruits ou mélanges de fruits.

Comment le servir

- Champagne et grains de raisin pétillants
- Salade de fruits pétillants
- Segments d'orange pétillants

huile d'olive infusée au citron

INGRÉDIENTS

60 g de zeste de citron
250 ml d'huile d'olive

Pour 250 ml

1. Mettez le zeste de citron dans le siphon puis versez l'huile d'olive.
2. Fermez le siphon et introduisez 2 cartouches de protoxyde d'azote (cartouches pour crèmes). Secouez le siphon pendant 30 secondes environ puis laissez reposer 2 minutes.
3. Videz le gaz du siphon puis ouvrez-le et filtrez l'huile d'olive infusée au tamis pour retirer les morceaux de zeste.

Variantes

- Huile de pépins de raisin infusée à la vanille
- Huile d'arachide infusée au piment

vodka infusée à l'aneth

INGRÉDIENTS
60 g d'aneth
250 ml de vodka

Pour 2 personnes

1. Mettez l'aneth dans le siphon puis versez la vodka.
2. Fermez le siphon et introduisez 2 cartouches de protoxyde d'azote (cartouches pour crèmes). Secouez le siphon pendant 30 secondes environ puis laissez reposer 2 minutes.
3. Videz le gaz du siphon puis ouvrez-le et filtrez la vodka infusée au tamis pour retirer l'aneth et versez-la dans 2 verres à cocktail.

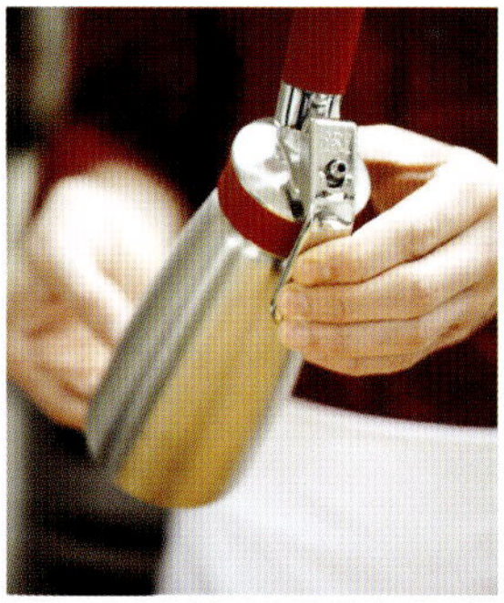

Variantes

- Gin infusé au concombre et baie de genévrier
- Rhum infusé à la noix de coco

technique 10 : l'azote liquide

La définition conventionnelle de la cuisine renvoie avant tout au fait de préparer des ingrédients en les faisant chauffer. Mais d'un point de vue plus scientifique, la cuisine est un ensemble de réactions physiques et chimiques qui modifient l'état des ingrédients et les rendent comestibles.

Le fait de supprimer la chaleur peut donc être considéré comme une véritable forme de cuisine. Cela peut sembler un peu obscur, mais pensez à un exemple tout simple : les glaces. C'est en ayant cela à l'esprit que les chefs modernistes ont introduit l'utilisation de l'azote liquide dans leurs cuisines.

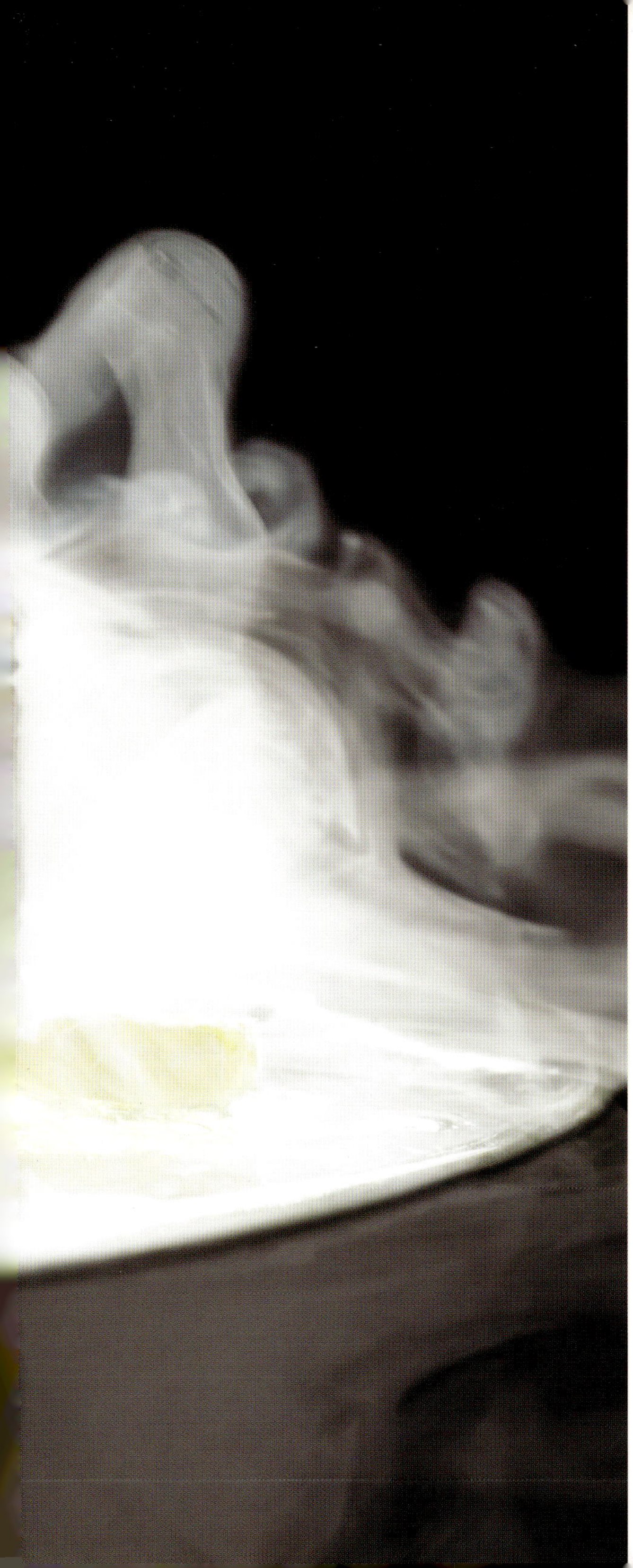

Qu'est-ce que l'azote liquide ?

L'azote liquide est la forme liquéfiée de l'azote. Il est fabriqué en liquéfiant l'air (qui est composé à 78 % d'azote environ) puis en séparant l'azote par distillation. C'est une substance extrêmement froide, dont le point d'ébullition dans une pression atmosphérique normale est de –196 °C. Il est donc dit « cryogénique », terme qualifiant les liquides dont le point d'ébullition se situe en dessous de 160 °C.

Utilisation habituelle

En raison de sa capacité à maintenir des températures bien en dessous du point de congélation de l'eau, l'azote liquide a été utilisé de nombreuses manières différentes, et notamment pour conserver des échantillons biologiques dans des laboratoires et pour la surgélation des ingrédients dans l'industrie agroalimentaire. Il permet aux fabricants de surgeler des ingrédients frais tout en conservant leur texture, leur goût et leur valeur nutritionnelle, ce qui ne serait pas le cas avec une technique de congélation classique. Avec l'azote liquide, le processus de refroidissement est beaucoup plus rapide et les cristaux de glace qui se forment sont bien plus petits que ceux qui se forment avec les méthodes habituelles.

Une délicieuse ratatouille glacée préparée avec de l'azote liquide.

Utilisations en cuisine

Le potentiel culinaire de l'azote liquide a été mis en avant dès le 19e siècle par Agnes Marshall, un auteur de livres de cuisine surnommée « la reine des glaces ». Il a par la suite été utilisé dans la production de glaces par plusieurs innovateurs culinaires au cours du 20e siècle, mais ce n'est qu'au début des années 2000 qu'il a connu une véritable période de gloire. C'est à Heston Blumenthal, chef du restaurant The Fat Duck au Royaume-Uni, que l'on doit l'introduction des multiples applications de l'azote liquide dans le monde de la cuisine, sa création la plus populaire étant la mousse de citron vert et thé vert pochée dans l'azote liquide. Depuis, des chefs du monde entier ont fait des expériences avec l'azote liquide. De nouvelles applications ont donc vu le jour, notamment le cryopochage (immerger des aliments dans un bain d'azote liquide, en particulier des liquides qui forment une coque surgelée entourant un cœur liquide), les cryopoudres (aliments plongés dans l'azote liquide puis moulus pour obtenir une poudre fine) et le cryorâpage (aliments plongés dans un bain d'azote liquide puis râpés).

L'azote liquide est principalement utilisé en cuisine pour confectionner des glaces. Le processus est très simple : la préparation est versée dans le bol métallique d'un robot électrique équipé d'un fouet plat, le robot est mis en marche à vitesse basse/moyenne, et l'azote liquide est incorporé très progressivement. Il a des propriétés de refroidissement si rapides qu'il commence immédiatement à surgeler la préparation, créant instantanément de minuscules cristaux de glace, ce qui donne une texture crémeuse et onctueuse. Il faut une proportion d'azote liquide équivalant à environ 3 fois le poids de la préparation pour préparer une glace, soit 3 litres d'azote liquide pour environ 1 litre de glace (cette quantité peut varier car l'azote liquide s'évapore rapidement. Il peut falloir jusqu'à 5 litres).

Vous pouvez également préparer des glaces sans robot en utilisant un saladier en métal et un fouet. De nombreux restaurants se servent d'ailleurs de cette technique pour préparer des glaces directement à la table des clients. Cette animation remonte aux années 1970 à l'Hôtel de France d'André Daguin à Auch. Un chariot était transporté à travers la salle de restaurant avec une bonbonne d'azote liquide et tous les ustensiles nécessaires à la préparation de la glace. Le restaurant The Fat Duck de Heston Blumenthal a créé sa tristement célèbre glace au bacon et aux œufs de cette manière.

Il est important de souligner que l'azote liquide n'est utilisé que pour refroidir des aliments très rapidement. Ce n'est pas un ingrédient en lui-même et il ne doit pas être ingéré. Ce n'est qu'une fois qu'il s'est évaporé qu'il est possible de consommer les aliments avec lesquels il a été utilisé. Les aliments qui ont été plongés dans l'azote liquide doivent donc être laissés au repos avant d'être servis, tout comme les aliments frits qui ne peuvent pas être consommés directement à leur sortie de la friteuse sans inconvénient.

Les utilisations de l'azote liquide sont nombreuses. Il permet d'ouvrir les huîtres plus facilement que les techniques traditionnelles.

Notions de sécurité

L'azote liquide n'est pas vraiment plus dangereux que de l'huile de friture chaude. Il ne devrait donc pas être envisagé avec tant d'appréhensions. Ce n'est toutefois pas un jouet, et le contact direct avec la peau peut causer des brûlures.

L'azote liquide doit être conservé dans des flasques ou récipients spéciaux (dewars), aux parois isolées sous vide pour éviter les transferts de température et réduire sa disparition par évaporation. Lors de la manipulation de l'azote liquide, il est recommandé de porter des gants et des lunettes de protection. Utilisez des saladiers et casseroles en acier inoxydable car les autres matériaux ne supportent pas aussi bien les températures très froides : le verre risque de se fendre, comme il le ferait si vous y versiez de l'huile à 300 °C.

La dernière recommandation concerne l'ingestion. Comme indiqué page 163, les aliments ne doivent pas être consommés tant que l'azote liquide ne s'est pas évaporé. Plus les aliments sont denses, plus ils seront froids et plus cela sera long.

Pour manipuler l'azote liquide, utilisez toujours des ustensiles en acier inoxydable et évitez les matériaux risquant de se briser lorsqu'ils sont soumis à de basses températures.

technique 11 : l'Anti-Griddle®

L'Anti-Griddle® est un appareil innovant, conçu par PolyScience, une société américaine spécialisée dans le développement de matériel de laboratoire permettant un contrôle précis des températures depuis le début des années 1960. PolyScience ne s'est consacrée à la production de matériel de cuisine qu'après avoir constaté que des restaurants, parmi lesquels Alinea à Chicago, achetaient les circulateurs thermiques fabriqués par la société. La société travaille depuis avec de grands chefs, notamment Grant Achatz, du restaurant Alinea, pour concevoir toute une gamme d'outils de pointe pour des chefs avant-gardistes, ce qui a donné naissance à l'Anti-Griddle® et au pistolet à fumée (voir chapitre 2).

Qu'est-ce que l'Anti-Griddle® ?

Le terme anglais « griddle » désigne une plancha, c'est-à-dire un ustensile composé d'une surface plane, pouvant chauffer jusqu'à 280 °C, et fonctionnant au gaz ou à l'électricité. Les aliments sont cuits directement dessus. Il est très utilisé dans les restaurants servant des hamburgers.

Comme son nom l'indique, l'Anti-Griddle® fait l'inverse. Il peut atteindre des températures avoisinant –34 °C, et refroidit donc les aliments au lieu de les réchauffer. Si son utilisation est moins spectaculaire que celle de l'azote liquide (voir chapitre 10), elle est également nettement moins dangereuse. L'Anti-Griddle® est donc bien plus sûr et utile en cuisine.

Comment fonctionne-t-il ?

Pour réduire les risques que les aliments adhèrent à la surface de l'Anti-Griddle®, il est recommandé de l'enduire d'une fine couche d'huile avant de le mettre en marche. Certains chefs utilisent plutôt du papier sulfurisé ou du film alimentaire. Une fois allumé, l'Anti-Griddle® atteint la température de –34 °C (non réglable) en 10 à 15 minutes.

Chef Pajo Bruich. L'Anti-Griddle® permet de préparer de délicieuses sucettes glacées et des desserts surprenants.

L'Anti-Griddle® peut être utilisé dès qu'il a atteint sa température minimale. Les aliments peuvent être déposés directement sur la plaque et commencent à se congeler instantanément. Le degré de refroidissement des aliments dépend de la durée pendant laquelle ils sont laissés sur la plaque. C'est à ce niveau que la créativité des chefs peut s'exprimer. En refroidissant les ingrédients à des températures différentes, ils obtiennent des textures variées, mi-fermes, très fermes ou glacées. Les ingrédients peuvent être servis dès qu'ils sont retirés de la plaque ou, selon leur température, conservés au congélateur pour être utilisés plus tard.

Utilisations en cuisine

Bien qu'il n'ait qu'une seule fonction, l'Anti-Griddle® permet de créer des éléments innovants pour des plats salés et sucrés : canapés originaux, mousses glacées, vinaigrettes glacées qui fondent dans l'assiette, sucettes glacées préparées en versant une purée/mousse sur la plaque et en mettant un bâtonnet au centre, gâteaux et brownies enrobés de glace ou desserts glacés avec un cœur coulant.

L'Anti-Griddle® permet aux chefs de préparer des aliments sensationnels, comme ce cube de fraise et éclat de poivre glacé.

technique 12 : la centrifugeuse

Certaines techniques et équipements abordés dans ce livre ne sont pas encore accessibles au cuisinier amateur. C'est le cas de la centrifugation. D'ailleurs, les quelques restaurants possédant une centrifugeuse se servent d'appareils qui étaient à l'origine destinés à être utilisés par des chercheurs, en laboratoire. Les centrifugeuses ne sont pas présentes dans les cuisines depuis très longtemps.

Leur principe de fonctionnement est le même que celui d'appareils électroménagers plus courants comme les lave-linge et sèche-linge, les centrifugeuses à jus et les essoreuses à salade.

Qu'est-ce qu'une centrifugeuse ?

Une centrifugeuse sépare des mélanges en fonction de leur densité (leur masse par unité de volume). Les liquides ou solides moins denses se retrouvent au-dessus des plus denses. Plus concrètement, c'est la différence de densité qui fait qu'un œuf coule et qu'une pomme flotte dans l'eau. Cette différence explique également pourquoi le gras remonte à la surface d'une marmite de bouillon alors que les os tombent au fond.

Une petite expérience très simple vous permettra de constater ce phénomène : prenez un verre et versez-y de l'huile, du vinaigre et du gros sel. Ils vont se séparer en raison de leurs densités différentes : l'huile flotte à la surface, le gros sel tombe au fond et le vinaigre reste au milieu.

Une centrifugeuse est capable de créer ce type de séparation dans presque tous les mélanges.

On peut préparer des raviolis de petits pois en utilisant les différentes couches séparées par la centrifugeuse.

Comment fonctionne-t-elle ?

Les préparations sont versées dans des contenants fermés placés dans la centrifugeuse qui les fait tourner à des vitesses très élevées, exerçant des forces pouvant être des centaines de milliers de fois plus fortes que celle de la gravité. Les composants des préparations se séparent alors en fonction de leur densité.

Il existe trois principaux types de centrifugeuse : à angles fixes, qui maintiennent les échantillons à un angle fixe ; à charnières mobiles, qui maintiennent les échantillons tout en leur permettant de basculer vers l'extérieur ; les centrifugeuses tubulaires, conçues pour traiter des volumes importants, qui n'utilisent pas de contenants.

Utilisations en cuisine

Les centrifugeuses sont principalement fabriquées pour les laboratoires. Ce sont des appareils très onéreux, qui ne sont donc pas courants dans les restaurants. On trouve des centrifugeuses très basiques dans les magasins pour préparer des jus, mais ce ne sont pas les mêmes appareils.

À ce jour, c'est l'équipe de *Modernist Cuisine* qui a le plus exploré les applications de la centrifugeuse en cuisine. Elle a présenté des aliments comme le beurre de petits pois, préparé en plaçant de la purée de petits pois surgelée dans une centrifugeuse pendant 1 heure à 27 500 g pour obtenir trois couches : des solides de petits pois (au fond), du gras de petits pois (au centre) et de l'eau de petits pois (au-dessus). C'est le beurre de petits pois qui remporte le plus de succès parmi ces trois composants en raison de sa particularité. L'équipe de *Modernist Cuisine* a également utilisé une centrifugeuse pour créer une eau de tomate absolument transparente et un goulash de bœuf qui se sépare en huit couches.

Chaque couche peut devenir un élément nouveau à intégrer à un plat. C'est le beurre de petits pois qui remporte le plus de succès.

technique 13 : l'évaporateur rotatif

L'évaporateur rotatif ou « rotavap » est un appareil qui n'était, jusque récemment, utilisé que dans les laboratoires de chimie. Sa fonction principale est de séparer les différents composants d'un mélange en fonction de leur volatilité par un procédé appelé « distillation ». Mais la différence avec la distillation classique, c'est que cet appareil l'effectue sous vide. Le point d'ébullition de la préparation est alors abaissé à la température ambiante. Le fait de réaliser la distillation à des températures basses permet de mieux conserver les composants aromatiques qu'avec les techniques traditionnelles avec lesquelles la plupart des composants aromatiques délicats et des parfums sont détruits en raison des températures élevées.

La distillation sépare les composants volatiles d'un liquide (l'arôme, l'alcool, l'eau et les petites molécules aromatiques) des composants non volatiles (le sucre, l'acide, l'amertume, l'aigreur, le piquant et les colorants) par l'évaporation (transformer un liquide en gaz) et la condensation (transformer le gaz en liquide).

Les techniques de distillation traditionnelles sont utilisées depuis plusieurs siècles (les civilisations antiques distillaient des boissons fermentées pour obtenir des boissons à teneur en alcool plus importante) et sont réalisées à des températures entre 77 et 93 °C. Ces températures élevées altèrent le liquide distillé, ce qui affecte les molécules aromatiques.

Qu'est-ce qu'un évaporateur rotatif ?

Le processus de distillation réalisé par un évaporateur rotatif peut être appelé « distillation sous vide » ou « distillation à froid ». Cet appareil distille à des températures bien inférieures à celles des techniques traditionnelles car il effectue le processus sous vide. Le vide réduit la pression atmosphérique, ce qui abaisse le point d'ébullition et permet aux composants volatiles de s'évaporer à des températures beaucoup plus basses, préservant ainsi leurs caractéristiques d'origine. En résumé, l'évaporateur rotatif permet à des liquides de s'évaporer à température ambiante. Ils ne sont donc pas cuits et les arômes sont mieux conservés.

Les chefs innovants utilisent ce procédé de distillation sous vide pour extraire et capturer les composants aromatiques délicats qui seraient autrement altérés ou détruits par les températures plus élevées des techniques de distillation classiques.

Comment fonctionne-t-il ?

Pour bien comprendre comment fonctionne un évaporateur rotatif, il faut connaître les éléments qui le composent. En voici la liste, ainsi que leurs fonctions :

1. Une unité motrice fait tourner le ballon d'évaporation qui contient la préparation à distiller.

2. Un bain-marie fournit une source de chaleur douce dans laquelle le ballon est partiellement immergé.

3. Un système sous vide abaisse le point d'ébullition de la préparation contenue dans le ballon.

4. Un serpentin réfrigérant refroidit la vapeur du ballon et la transforme à nouveau en liquide, qui coule ensuite dans le serpentin.

5. Un ballon de récupération recueille le liquide distillé.

Deux éléments distinguent l'évaporateur rotatif d'un appareil de distillation traditionnel. Tout d'abord, le vide d'air qui, comme dit précédemment, permet d'abaisser le point d'ébullition. Ensuite, la rotation du ballon d'évaporation dans un bain-marie à température contrôlée. Ce second élément augmente la surface de la préparation en train d'être distillée tout en la faisant chauffer doucement, ce qui accélère le processus et permet d'obtenir un taux d'évaporation homogène.

Le taux de distillation est affecté par la température du bain-marie (même si celui-ci ne fera pas monter la température de la préparation au-delà de son point d'ébullition), la pression du vide (qui affecte directement le point d'ébullition), la taille et la vitesse de rotation du ballon d'évaporation et, enfin, la taille et la puissance du condensateur.

Utilisations en cuisine

L'évaporateur rotatif a été présenté aux chefs pour la première fois par Joan Roca, chef du restaurant El Celler de Can Roca, en Espagne, au cours d'une conférence culinaire en 2005. Il s'en était servi pour créer un plat composé d'une huître dans une gelée transparente parfumée avec l'arôme distillé d'une terre forestière.

Depuis, les chefs utilisent ce processus de distillation sous vide pour trouver de nouvelles manières de séparer les arômes. Il permet par exemple d'extraire les aromates d'un piment sans la capsaïcine, responsable de son piquant. Il est également utilisé pour concentrer les saveurs et extraire des arômes en séparant les différentes molécules aromatiques, par exemple pour capturer le goût le plus frais et pur d'une orange en retirant l'eau qu'elle contient.

Grant Achatz, chef du restaurant Alinea à Chicago, extrait les arômes d'herbes comme la citronnelle, le basilic et les

piments. Ce processus permet aussi de capturer l'essence pure des piments, sans la capsaïcine (responsable du piquant).

Dave Arnold, directeur de Culinary Technology au French Culinary Institute (Institut français de cuisine) de New York, a remarqué que les solutions à base d'alcool produisaient des distillations plus fraîches et intenses que celles à base d'eau. Il a mis au point des recettes d'essences de raifort, de piment habanero et de chocolat, qui sont pleines de saveur mais ne comportent pas l'aigreur, le piquant ou l'amertume de ces ingrédients. Il a également conçu un scotch parfumé aux cacahuètes ainsi qu'un porto déstructuré, qu'il sert avec du fromage stilton et une glace parfumée au chêne préparée en séparant les notes de chêne d'un vieux scotch puis en congelant ce liquide avec de l'azote liquide. Le résultat restituerait toutes les notes de vanille, d'épices et d'érable du bois, ainsi que la saveur incontournable du bois saumâtre.

Enfin, il est important de savoir que même s'il est tout à fait légal de posséder un évaporateur rotatif et de distiller des préparations à base d'eau, distiller de l'alcool sans posséder la licence adéquate est illégal dans certains pays.

Les solutions à base d'alcool sont idéales à distiller pour créer de nouvelles liqueurs fraîches, par exemple au raifort ou au chocolat.

technique 14 : l'homogénéisateur à ultrasons

Dans les cuisines des chefs modernistes, homogénéiser signifie mixer, mélanger, émulsionner, disperser ou agiter une préparation jusqu'à ce qu'elle ait la même composition partout, c'est-à-dire jusqu'à ce qu'elle soit homogène. La plupart des cuisines sont équipées de différents outils qui peuvent être utilisés pour homogénéiser une préparation, par exemple un blender, un mixeur plongeant, un robot ou même un simple fouet.

Il est beaucoup moins fréquent d'y trouver un homogénéisateur à ultrasons. Des chefs innovants ont découvert que cet appareil de laboratoire de pointe peut être mis à contribution en cuisine pour extraire et infuser des arômes, homogénéiser et émulsionner des liquides, dégazer un vin et donner à un alcool un effet vieilli en tonneau.

Qu'est-ce qu'un homogénéisateur à ultrasons ?

Il existe différents types d'homogénéisateurs high-tech, par exemple des homogénéisateurs à haute pression, des homogénéisateurs rotor-stator et des homogénéisateurs à lame, qui utilisent des actions mécaniques différentes. Dans ce chapitre, nous nous concentrons sur les homogénéisateurs à ultrasons car leur principe de fonctionnement est bien plus cool !

En laboratoire, les homogénéisateurs à ultrasons sont généralement utilisés pour perturber des éléments comme des échantillons de bactéries, de spores et de sols. À la différence d'autres homogénéisateurs, celui à ultrasons utilise les ondes acoustiques plutôt qu'une action mécanique pour réduire les particules d'un liquide afin qu'elles soient toutes de la même taille et bien distribuées (c'est-à-dire homogènes).

Un homogénéisateur à ultrasons émulsionne très facilement un liquide, comme le montrent ces trois différentes étapes de l'émulsion de l'eau avec de l'huile pimentée.

Comment fonctionne-t-il ?

Les homogénéisateurs à ultrasons sont composés de trois éléments principaux : un générateur électrique qui crée un signal, un transducteur qui transforme le signal en énergie mécanique et une sonde qui amplifie les vibrations sur toute sa longueur.

Au fur et à mesure que les vibrations passent le long de la sonde, les ondes acoustiques intenses créent une alternance de cycles à haute et basse pression à l'intérieur des liquides. Au cours des cycles à basse pression, une grande quantité de microbulles de vide se forment dans le liquide. Elles grossissent et s'agglomèrent puis explosent violemment et créent des ondes de choc. Ce processus est appelé « cavitation ». Les forces en action sont suffisamment puissantes pour briser le liquide en particules toujours plus petites et modifier les parois des cellules.

C'est ce phénomène de cavitation qui entraîne la dispersion des matières grasses sous forme de minuscules gouttelettes dans une émulsion, ce qui la rend stable pendant plusieurs jours sans ajout d'émulsifiant ou de stabilisant. De même, la cavitation permet la libération des molécules aromatiques des ingrédients en brisant les parois des cellules et en les dispersant dans le liquide.

Utilisations en cuisine

Un homogénéisateur à ultrasons ne génère que très peu de chaleur. Par conséquent, les couleurs naturelles vives, les valeurs nutritionnelles, les arômes et les autres caractéristiques aromatiques des aliments ne sont que très peu altérés. La plupart des processus peuvent être réalisés en quelques minutes (par exemple préparer une vinaigrette). Cet appareil de laboratoire haut de gamme permet aussi d'accélérer des processus qui peuvent nécessiter des années. Il est notamment utilisé pour préparer des boissons alcoolisées vieillies rapidement en les infusant avec des copeaux de bois. Il peut également servir à dégazer et homogénéiser le vin (ce qui modifie sa longueur en bouche) et à intensifier le goût de bouillons, pulpes de fruits ou de légumes pour préparer des sauces (en brisant les cellules).

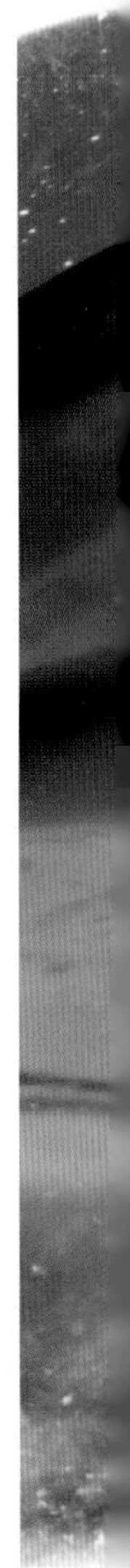

Vue rapprochée de l'embout de l'homogénéisateur à ultrasons permettant de voir comment il crée un nuage dans le liquide.

technique 15 : la fermentation

La fermentation est une technique de conservation ancestrale. Comme le fumage (voir chapitre 2), elle a récemment connu un renouveau auprès de certains des plus grands chefs modernistes du monde.

Les produits fermentés les plus connus sont la choucroute et d'autres aliments conservés dans la saumure. Vous en connaissez certainement bien plus que vous ne le pensez. Par exemple, quand vous mangez une tartine grillée ou tout autre forme de pain au petit déjeuner, vous mangez un produit qui a subi une fermentation. Il en va de même avec le fromage, les viandes séchées et les yaourts. Les boissons alcoolisées comme le vin, le cidre et la bière sont toutes fermentées, de même que d'autres boissons non alcoolisées comme le café et le thé. Des condiments et plats fermentés asiatiques comme la sauce de poisson, la sauce soja, le kimchi et le miso sont de plus en plus courants en Occident.

Certains aliments fermentés sont nettement plus appréciés que d'autres. En plus de ceux cités ci-dessus, la soupe miso et le dosa indien ont de nombreux fans. À l'inverse, il faut être initié pour savourer le nato japonais (haricots fermentés), le gundruk népalais (légume vert fermenté) et le lait de vache fermenté du Soudan.

À l'époque de la pasteurisation, l'idée de laisser la nourriture se décomposer peut sembler incompréhensible. Mais le processus de fermentation a des avantages d'un point de vue nutritionnel et gustatif, sans parler des nouvelles saveurs développées par certains des plus grands chefs au monde.

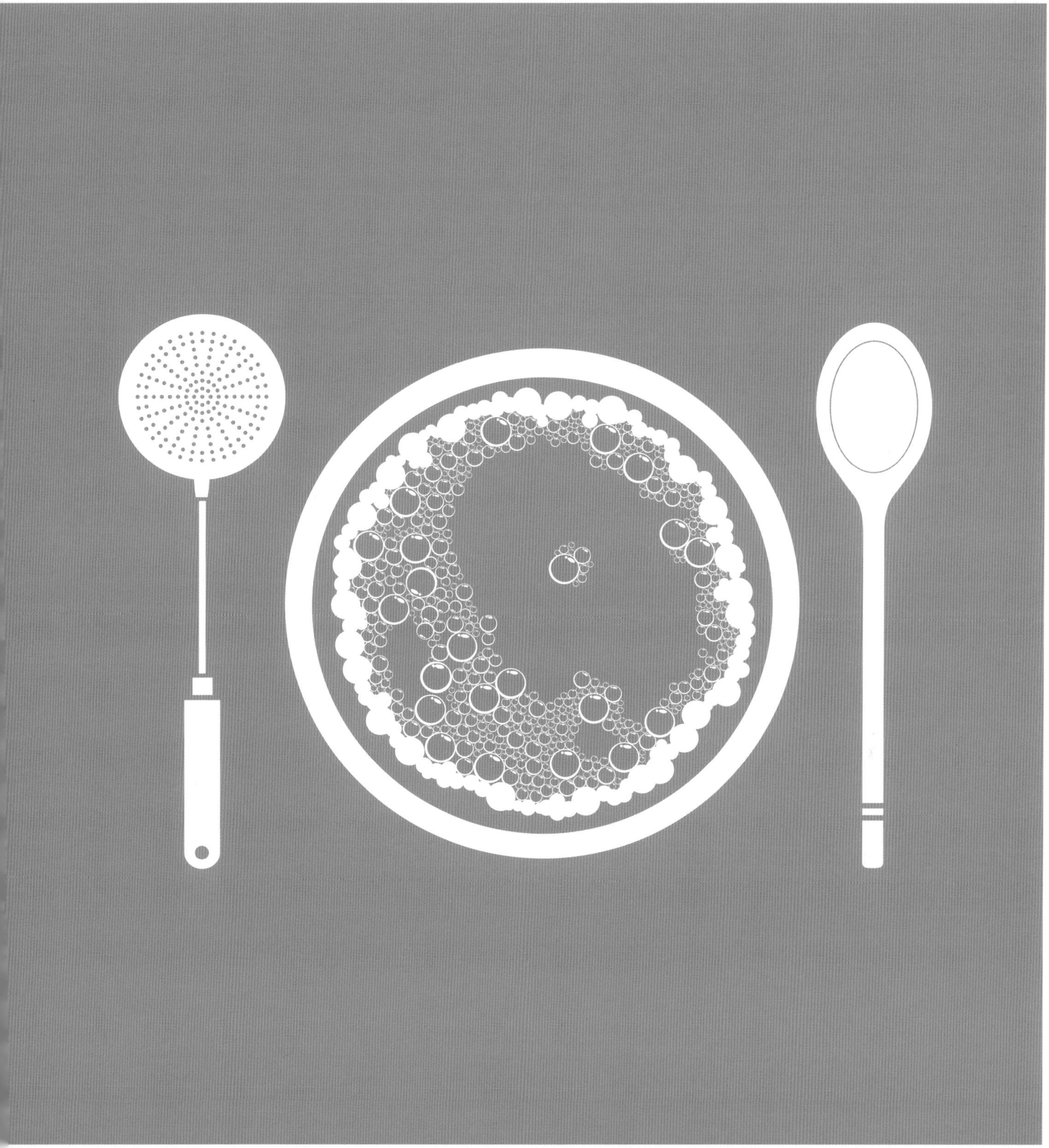

Histoire de la fermentation

Cette technique de transformation alimentaire est très ancienne. Les dessins sur les parois des cavernes datant de 12 000 ans montrent des hommes recueillant du miel pour préparer de l'hydromel (vin préparé avec du miel). Traditionnellement, la fermentation était une manière de conserver et de stocker des aliments tout en préservant leurs qualités nutritionnelles. La plupart des premiers légumes fermentés (notamment le chou pour préparer la choucroute) étaient simplement salés. L'acide lactique produit empêchait la putréfaction et préservait les qualités nutritionnelles, et cela fournissait de la nourriture pendant l'hiver.

Le capitaine James Cook, explorateur anglais du 18e siècle, a été félicité par la Royal Society pour avoir vaincu le scorbut, maladie causée par une carence en vitamine C qui touchait les marins de l'époque. Il a réduit le nombre de malades en donnant de la choucroute à son équipage pendant les 27 mois de leur deuxième voyage autour du monde.

Au 19e siècle, le chimiste français Louis Pasteur, premier spécialiste de la zymologie (étude de la fermentation), a établi le lien entre levure et fermentation. Il définissait celle-ci comme une « respiration sans air ».

Au début du 20e siècle, le Dr Élie Metchnikoff, prix Nobel, a été l'un des premiers scientifiques à reconnaître les bienfaits nutritionnels de la consommation d'aliments fermentés. Ses recherches se sont concentrées sur les Bulgares, et il attribuait leur bonne santé et leur longévité à leur consommation quotidienne de yaourts.

La fermentation bactérienne est utilisée pour conserver des légumes dans une saumure. Ce procédé rehausse leur goût et introduit des cultures nutritives dans le système digestif.

Nous savons aujourd'hui que la fermentation augmente la quantité de plusieurs vitamines dans les aliments et que les produits fermentés sont une excellente source d'acides aminés, de vitamines et de minéraux. Le lait fermenté, par exemple, contient beaucoup de vitamine B, alors que les plats de légumes fermentés comme le kimchi (chou coréen fermenté) sont riches en vitamines C et A.

René Redzepi, chef du Noma, est réputé pour ses expériences sur la fermentation. Il met des vidéos en ligne sur Internet pour aider les gastronomes moléculaires en herbe.

Le principe scientifique sous-jacent

Les aliments fermentés sont transformés grâce à l'introduction de bonnes bactéries ou champignons. Dans l'industrie alimentaire, la fermentation fait généralement référence à la transformation de glucides en alcools et dioxyde de carbone, ou acides organiques, en utilisant des levures, des bactéries ou un mélange des deux, dans des conditions anaérobies (sans oxygène). La fermentation est donc favorisée par un environnement acide dans lequel peu d'organismes dangereux survivent.

La fermentation éthanolique (ou alcoolique) est réalisée avec des levures. Celles-ci se trouvent partout : dans votre jardin, sur vos mains, dans l'air et à la surface de certains fruits. Elles appartiennent à la famille des champignons. Ce sont des créatures vivantes qui survivent même en l'absence d'oxygène et continuent à dégrader les sucres. Ce type de fermentation se produit lors de la fabrication de boissons alcoolisées et lorsque la pâte à pain lève. C'est un processus biologique au cours duquel la levure utilise la fermentation alcoolique pour dégrader les sucres et les convertir en énergie cellulaire, produisant ainsi de l'éthanol et du dioxyde de carbone, déchets métaboliques. En résumé, glucides/sucres + levure + temps = alcool + CO_2.

L'éthanol (alcool pur) donne à la bière, au vin et aux liqueurs leur teneur en alcool. L'alcool sert également à parfumer le pain, le dioxyde de carbone formant des bulles ou poches d'air qui font lever la pâte puis s'évacuent lors de la cuisson, ce qui rend le pain plus léger. Les levures meurent une fois qu'elles ont fait leur travail. La cuisson du pain tue les levures qui ont produit le dioxyde de carbone qui a contribué à faire lever le pain. Si l'on produit de l'alcool dans un environnement clos, l'alcool finit par tuer la levure.

La fermentation bactérienne est un processus au cours duquel les bonnes bactéries transforment les sucres simples ou complexes des produits laitiers, légumes ou fruits en acide lactique ou, dans certains cas, en acide acétique. Les bactéries sont des organismes uni- ou multicellulaires présents presque partout dans la nature, qui entraînent généralement la décomposition des aliments. Mais comme mentionné plus haut, il existe aussi de bonnes bactéries.

Ce type de fermentation est très souvent utilisé comme agent conservateur pour les légumes. En plus de rehausser le goût et d'ajouter une valeur nutritionnelle aux aliments, l'acide lactique et les cultures vivantes de lactobacilles sont bénéfiques pour le système digestif humain. Certains médecins traditionnels considèrent que les aliments qui contiennent ces éléments en grande quantité ont la capacité de soigner, et la recherche scientifique corrobore cet avis. Le goût acide que nous reconnaissons et recherchons dans des aliments comme le babeurre, le yaourt, la choucroute, les pickles, le pain au levain et même les olives provient des acides produits lors de la fermentation. Avec l'augmentation du taux d'acidité, les mauvaises bactéries sont tuées et les aliments peuvent être conservés et consommés en toute sécurité.

Dans la fermentation par les moisissures, celles-ci peuvent aussi bien conserver qu'abîmer l'ingrédient, selon son type et la manière dont elles sont traitées. La moisissure aspergillus est souvent assimilée aux déchets alimentaires, alors qu'elle est très utilisée dans la cuisine asiatique pour les aliments fermentés. L'aspergillus oryzae, ou koji, est utilisée depuis des centaines d'années pour fabriquer la sauce soja, le miso et le saké. Dans la fermentation par le koji, les enzymes fongiques ont la même fonction que les enzymes utilisées pour le maltage dans la fermentation de la bière. Les moisissures koji libèrent des amylases qui dégradent l'amidon de riz qui, à son tour, peut être fermenté pour produire le vin de riz. Elles sont également utilisées pour la fermentation de différents légumes, notamment pour le miso et la sauce soja.

Les moisissures du genre *Penicillium* sont associées au vieillissement et à l'arôme des fromages. *Penicillium camemberti* et *penicillium roqueforti* sont les moisissures qui se trouvent sur le camembert, le brie, le roquefort et bien d'autres fromages. *Penicillium nalgiovense* est utilisé pour améliorer le goût des saucisses et des jambons, et pour éviter leur colonisation par d'autres moisissures et bactéries.

Essayer chez soi

Avant de parler plus en détail de la fermentation à domicile, il est important de souligner plusieurs points. La fermentation n'est bénéfique que lorsqu'elle se produit en dehors de votre corps, ce qui signifie que si vous ingérez des aliments qui contiennent beaucoup de sucres et un milieu de croissance pour les bactéries, celles-ci feront fermenter la nourriture dans votre ventre. Une croissance trop importante de bactéries de fermentation dans votre corps peut entrainer toutes sortes de problèmes médicaux. Même si cela est rare, les aliments fermentés peuvent être envahis par les moisissures ou pourrir, faites donc attention à ne pas les consommer dans ce cas.

Fermentation à l'éthanol

Pour préparer du vin, il faut presser les grains de raisin pour en extraire leur jus (qui contient des sucres naturels), puis transférer le jus dans un contenant stérilisé, par exemple un tonneau. On ajoute ensuite la bactérie (levure) qui va interagir avec les sucres et les transformer en éthanol et CO_2 (dans ce cas en vin !). La fermentation permet de préparer du vin, du cidre et d'autres boissons alcoolisées similaires jusqu'à une quantité d'alcool par volume (ABV) d'environ 15 % avant qu'un certain nombre de facteurs naturels stoppent le processus. Pour obtenir un alcool plus fort, il faut passer par la distillation. C'est une technique simplifiée (la production moderne de vin est aidée par la science et la technique). Si vous souhaitez faire fermenter votre propre alcool, il existe des kits de brassage vendus sur Internet contenant tous les outils nécessaires.

Fermentation à l'acide lactique

Tous les fruits et légumes peuvent être conservés de cette manière. Cette méthode de fermentation est ultra-simple : lavez et coupez, hachez ou émincez les fruits et légumes de votre choix. Mélangez-les avec des herbes ou des épices, du sel, et mettez-les dans une boîte hermétique (un bocal en verre par exemple), en les pressant bien pour qu'ils libèrent un peu de jus. Laissez le bocal à température ambiante pendant 2 ou 3 jours pour que les bonnes bactéries prolifèrent. Le sel les empêche de pourrir avant qu'assez d'acide lactique ne soit créé, ce qui permet de les conserver pendant des mois au réfrigérateur.

Fermentation et umami

En plus de ses nombreux bienfaits nutritionnels et pour la santé, la fermentation peut aussi faire augmenter la saveur umami des aliments, et notamment dans la sauce soja, le fromage et les viandes séchées.

Comme nous l'avons dit, la levure métabolise le sucre par le biais de la fermentation qui produit l'alcool. Lorsque l'on ajoute de la levure (dans un environnement contrôlé) à un jus de fruits ou à une céréale cuite à l'eau, on obtient une boisson alcoolisée. C'est au cours du vieillissement (après la fin de la première fermentation) que l'umami entre en scène. Les vins de riz asiatiques comme le Huangjiu, le mirin et le saké sont des vins ronds et corsés avec une finale riche et sucrée. Comme avec les vins doux européens, tels que le xérès ou le madère, ces vins de riz asiatiques gagnent en caractère et en goût en vieillissant, et leur teneur en umami augmente également.

D'après le Nordic Food Lab (voir ci-contre), les fermentations riches en sel peuvent être utilisées pour créer une teneur élevée en umami en raison de l'activité enzymatique sur les protéines (surtout dans les légumes, la viande et le poisson). Ceci explique le nombre de sauces asiatiques riches en umami en train de devenir des ingrédients courants de la cuisine occidentale.

La fermentation dans la cuisine moderne

Ces éléments expliquent pourquoi cette technique ancestrale connaît un renouveau auprès des meilleurs chefs au monde. Les aliments fermentés sont sains et nutritifs, et riches en umami. Mais, plus important encore, la fermentation offre aux chefs un nouveau moyen d'améliorer, transformer, voire dans certains cas augmenter les saveurs des aliments. Comme d'autres tendances culinaires récentes (notamment la cuisine moléculaire et le mouvement « de la ferme à la table »), la fermentation est un nouveau territoire pour l'expression de la créativité. Le chef René Redzepi du restaurant Noma à Copenhague et l'entrepreneur gastronomique Claus Meyer ont créé le Nordic Food Lab avec Ben Reade en tant que directeur de la recherche culinaire. Leurs recherches sur la fermentation ont conduit à des innovations culinaires, par exemple les « sauterelles fermentées », les « prunes lactofermentées » ou un « petit four de levure ».

« Il n'est pas question de choquer ou d'essayer d'innover à tout prix... C'est une recherche sur les saveurs », explique René Redzepi. Au même moment, le laboratoire Momofuku du chef David Chang, à New York, dirigé par Dan Felder (qui collabore avec des microbiologistes de l'université de Harvard), a travaillé sur la préparation de nouvelles saveurs à partir de microbes et de moisissures, par exemple le « miso de pistaches ».

Pour David Chang, « dans un monde où les saveurs sont de plus en plus répétitives et ressemblantes, il est rafraîchissant de goûter quelque chose de totalement neuf, même si c'est moisi et vieux ».

les hydrocolloïdes dans la cuisine moléculaire

Deux chapitres de ce livre sont consacrés aux gels (chapitres 6 et 7), qui sont tous des hydrocolloïdes. Il existe de nombreux agents gélifiants en plus des six présentés dans ces chapitres. Ils ont chacun des propriétés différentes et sont utilisés seuls ou associés à d'autres.

Ce chapitre définit tous les termes associés aux agents gélifiants afin de vous aider à bien comprendre les gels, leurs caractéristiques, leurs utilisations possibles et leur fonctionnement.

Qu'est-ce qu'un hydrocolloïde ?

Les hydrocolloïdes sont des systèmes dans lesquels des particules sont dispersées dans de l'eau. Selon la quantité d'eau, le résultat sera un gel (comme une gelée classique) ou un sol (une suspension de très petites particules dans un liquide, par exemple le lait).

Un colloïde est une substance microscopique dispersée de manière régulière dans une autre substance. Un système colloïdal peut être composé de solides, de liquides ou de gaz et il est constitué de deux phases distinctes : une phase dispersée et une phase continue. Voici quelques exemples de systèmes colloïdaux et de leurs phases : la crème fouettée (la phase continue est liquide et la phase dispersée est le gaz), le lait (les deux phases sont liquides) et la fumée (la phase continue est un gaz et la phase dispersée est un solide).

Les hydrocolloïdes sont des systèmes colloïdaux dans lesquels les particules colloïdales sont dispersées dans de l'eau (la phase continue est donc toujours liquide). En résumé, les hydrocolloïdes (également appelés gels) sont des substances pouvant épaissir des solutions et former aussi bien des gels que des mousses stables, des émulsions et des dispersions.

Chaque type d'hydrocolloïde possède des propriétés différentes liées à sa structure physique, elle-même déterminée par sa teneur en sucres, et réagit différemment à l'acidité, la température et l'action mécanique. Le choix de l'hydrocolloïde à utiliser dépend ainsi du type de gel ou sol souhaité, des ingrédients utilisés ainsi que de la température à laquelle il sera servi. Il est important de signaler que mise à part la gélatine, qui est une protéine, tous les hydrocolloïdes sont des polysaccharides ou sucres complexes. Ainsi, lorsqu'ils sont dispersés dans de l'eau, l'eau est attirée et s'agglomère autour des sucres. Des couches d'eau au mouvement limité se forment et un gel ou un sol se crée en contrôlant cette eau.

D'où proviennent les hydrocolloïdes ?

Contrairement à ce que l'on entend souvent, les agents gélifiants ne sont pas les grands méchants loups que l'on veut nous faire croire. En réalité, de nombreux hydrocolloïdes proviennent de sources naturelles, notamment d'algues, de graines, de racines, de sève d'arbre et de fruits. Si certains de ces « additifs » nous semblent étrangers, plusieurs d'entre eux sont utilisés depuis des millénaires par différentes cultures à travers le monde.

C'est notamment le cas de l'agar-agar, extrait d'une algue. Les Japonais s'en servent depuis plusieurs siècles pour gélifier leurs desserts, mais il n'est apparu que récemment dans nos cuisines occidentales lorsque l'on s'est rendu compte qu'il constituait une alternative végétarienne à la gélatine, bien plus courante (qui est, elle, obtenue à partir d'os d'animaux). La carraghénane est un autre exemple. Elle est extraite d'une algue, comme l'agar-agar, et les Irlandais l'utilisent depuis des siècles en tant qu'agent gélifiant. Citons également la gomme arabique (extraite de sève d'arbre), la gomme de caroube (obtenue à partir des graines) et la pectine (qui se trouve naturellement dans les fruits et qui est l'agent gélifiant traditionnellement utilisé pour préparer les confitures).

D'autres agents gélifiants sont plus modernes, comme la gomme xanthane, produit naturel issu de la fermentation du glucose, du sucrose ou du lactose par la bactérie *Xanthomonas campestris*, ou la gomme gellane. Enfin, d'autres agents gélifiants sont propres à la consommation même s'ils sont obtenus en modifiant des ingrédients afin de créer des composants n'existant pas naturellement, comme la méthylcellulose.

Caractéristiques des gels

Voici une présentation des termes les plus utilisés pour parler des caractéristiques des gels dans ce livre :

- ***Transparence :*** certains agents gélifiants donnent des gels d'apparence très claire et transparente, alors que d'autres créent des gels plus troubles.
- ***Libération des saveurs :*** manière dont les gels transmettent les saveurs des ingrédients. Certains le font très bien alors que d'autres ont tendance à emprisonner les saveurs et inhiber le goût de l'arôme principal. Le degré de mélange des solutions hydrocolloïdes avec la salive, fonction de leur degré d'enchevêtrement des chaînes, détermine la perception des saveurs.
- ***Thermoréversibilité :*** le gel fond lorsqu'il est chauffé à une température suffisante. La méthylcellulose est une exception car elle gélifie en chauffant et fond en refroidissant.
- ***Thermoirréversibilité :*** le gel ne fond pas lorsqu'il est chauffé.
- ***Synérèse :*** fait que le liquide se sépare du gel au fil du temps, différent de la fonte. Elle est plus longue pour certains gels : les gels les plus fermes ont souvent une synérèse plus importante que les gels mous. En général, pour la majorité des gels congelés, le liquide a tendance à se séparer lors de la décongélation.
- ***Stabilité à la congélation/décongélation :*** tout gel pouvant être congelé et décongelé sans que sa structure se dégrade est considéré comme stable à la congélation. À l'inverse, les gels dont la structure est modifiée par la congélation (entraînant une synérèse et des modifications de texture) sont considérés comme ayant une mauvaise stabilité à la congélation.
- ***Cisaillement :*** la force créée par le fait de mélanger ou fouetter. Dans ce contexte, cela désigne la capacité du gel à se reformer après avoir été mélangé ou fouetté. Certains gels se défont lorsqu'ils sont agités, ce qui signifie qu'ils se brisent et ne se reforment pas après avoir été soumis à des forces mécaniques. Les gels qui se reforment sont dits résistants au cisaillement.
- ***Liquéfaction :*** la plupart des gels ont tendance à se liquéfier lorsqu'ils sont agités (mélangés ou fouettés).
- ***Limite d'élasticité :*** certains gels ont l'apparence d'un gel lorsqu'ils sont immobiles et se liquéfient instantanément lorsqu'ils sont agités. C'est par exemple le cas de la gomme xanthane qui peut ressembler à un gel mais qui se liquéfie et coule comme de l'eau si on lui applique suffisamment de force.

Utilisation des hydrocolloïdes

Comme dit précédemment, il est important d'en savoir davantage sur chacun des agents gélifiants afin d'être certain d'utiliser celui qui est le mieux adapté et de choisir la bonne méthode. Il faut donc tenir compte des informations suivantes :

Température : la température est un facteur essentiel pour la création, la conservation et la présentation des gels. Certains doivent être hydratés dans des solutions froides, d'autres dans des solutions chaudes, et d'autres peuvent être hydratés dans les deux. La plupart des gels ont une température de prise inférieure à la température de fonte. Certains gels peuvent être fondus puis gélifiés à nouveau lors du refroidissement, mais pas d'autres. Des gels comme ceux à base d'agar-agar doivent être conservés à température ambiante et même être chauffés à une certaine température, alors que d'autres comme ceux à base de gélatine doivent être conservés au réfrigérateur jusqu'au moment de servir.

pH : la plupart des agents gélifiants sont sensibles au pH, leur efficacité dépend donc du pH de la solution à laquelle ils sont ajoutés. La technique de la sphérification classique ne fonctionnera pas bien, voire pas du tout, si l'alginate de sodium est ajouté à une solution très acide. L'acidité d'une solution peut être neutralisée en utilisant du citrate de sodium, mais cela peut modifier la saveur de la solution.

Mélanges : tous les agents gélifiants ne réagissent pas de la même manière lorsqu'ils sont mélangés à d'autres car cela peut modifier leurs caractéristiques. Ainsi, utilisées séparément, la gomme xanthane et la gomme de caroube sont des épaississants plutôt que des agents gélifiants mais, une fois mélangées, elles forment un gel. Cela peut vous permettre de créer des gels aux caractéristiques uniques.

Hydratation : cette étape est cruciale pour la formation des gels. Pour être efficaces, les agents gélifiants doivent être hydratés et dissous dans une solution (sans grumeaux). Ce processus de dispersion fait que les particules hydrocolloïdales sont séparées le plus possible les unes des autres avant de commencer à absorber l'eau (hydratation) et à gonfler. Il existe deux techniques de dispersion : mélanger vigoureusement la préparation, au mixeur plongeant ou au blender (si vous utilisez un blender, saupoudrez l'agent gélifiant au centre du tourbillon créé afin de faciliter la dispersion) ou disperser l'hydrocolloïde dans une solution dans laquelle il ne va pas se dissoudre puis modifier les conditions afin qu'il se dissolve. C'est par exemple le cas de la technique utilisée pour incorporer la fécule de maïs dans une sauce : vous la délayez d'abord dans de l'eau froide (dans laquelle elle ne se dissout pas) avant de l'incorporer à la sauce pour obtenir un résultat onctueux et plus épais.

Chaque agent gélifiant a ses propres méthodes d'hydratation mais, en général, les hydrocolloïdes se réhydratent bien dans l'eau pure (pH neutre). Le sucre, l'amidon, l'alcool et le sel peuvent empêcher le processus d'hydratation puisqu'ils sont en concurrence avec l'hydrocolloïde pour absorber l'eau.

Quantités et mesures : les agents gélifiants sont généralement mesurés en pourcentage du poids total de la solution. Par exemple, 1 litre d'une solution à base de gomme xanthane à 1 % est composé de 990 g d'eau et de 10 g de gomme xanthane même si, en pratique, on mesure plus simplement une solution à 1 % en ajoutant 10 g de gomme xanthane à 1 kg d'eau. La petite différence ne perturbe pas trop le processus, même s'il est important d'avoir une balance précise sous la main pour mesurer les dixièmes ou, de préférence, les centièmes de gramme.

Calcium et potassium : certains agents gélifiants forment instantanément des gels qui ne se réhydratent pas bien en présence de calcium et de potassium, processus appelé prégélification. Pour la technique de sphérification par exemple, l'alginate de sodium commence à réagir dès qu'il est mélangé à du yaourt (riche en calcium) et la préparation ne permet donc pas de créer de belles sphères de yaourt, c'est pourquoi on utilise plutôt la technique de sphérification inversée avec des ingrédients riches en calcium. Vérifiez la teneur en calcium de l'eau du robinet, cela peut influer sur vos résultats.

Des séquestrants peuvent être ajoutés à des solutions afin de réduire le risque de prégélification. Ce sont des additifs alimentaires qui améliorent la qualité et la stabilité des produits alimentaires. Les plus courants sont le citrate de sodium, le lactate de calcium et le gluconate de calcium.

Hydrocolloïdes les plus utilisés

Agar-agar, carraghénane, amidon de maïs, gélatine, gomme gellane, gomme de guar, gomme arabique, gomme de caroube, maltodextrine, méthylcellulose, pectine, alginate de sodium, gomme xanthane.

l'umami

Le terme « umami » est complètement étranger à de nombreuses personnes. Si vous n'êtes pas sûr non plus de ce que ce chapitre peut vous apprendre, ne paniquez pas et poursuivez votre lecture !

Umami est un terme japonais qui se traduit par « goût délicieux » ou « goût savoureux plaisant ». Il est désormais reconnu comme étant le cinquième goût, avec le sucré, le salé, l'acide et l'amer. Si vous vous demandez quel est le goût de l'umami ou si vous avez déjà eu l'occasion de le goûter, sachez ceci : la plupart des gens découvrent l'umami pour la première fois dans le lait maternel (qui en contient beaucoup).

Pour le dire simplement, l'umami est un goût salé qui est plus souvent associé aux viandes séchées, à certains types de fruits de mer (notamment les anchois), aux champignons, aux algues, aux tomates (et même au ketchup), au fromage (notamment le parmesan), à la sauce soja et aux extraits de viande comme le Bovril et aux extraits de levure comme le Marmite. La majorité des gens trouve qu'il est difficile d'identifier l'umami la première fois car ils n'y sont pas habitués et ne le recherchent pas lorsqu'ils goûtent des aliments. L'umami est bien plus subtil que les quatre autres goûts, il se mélange très bien avec eux et, dans certains cas, les rehausse (surtout le sucré et le salé) et crée des plats plus ronds et pleins de saveurs.

Histoire de l'umami

L'umami est de plus en plus populaire depuis ces dix dernières années. Cela est en partie dû à la popularité croissante de la nourriture japonaise (surtout les sushis, tempura et teriyaki) et en partie grâce à certains des chefs parmi les plus médiatiques au monde, par exemple Ferran Adrià et Heston Blumenthal (tous deux ont rédigé des préfaces de livre sur le sujet), qui ont mis en avant son importance dans la saveur d'ensemble de certains plats.

Même si l'umami n'est reconnu comme une saveur en elle-même que depuis quelques années, il est présent dans les aliments depuis très longtemps. Le garum (sauce de poisson fermentée riche en glutamate) était déjà utilisé en cuisine dans la Grèce antique, à Rome et à Byzance. Les Japonais consomment des aliments riches en umami depuis des siècles, notamment le dashi (un bouillon d'algue et de bonite), considéré comme un élément central de la cuisine japonaise.

Bien qu'il fasse partie de la cuisine du monde entier depuis si longtemps, il n'a été identifié qu'en 1908 par le professeur Kikunae Ikeda de l'Université impériale de Tokyo, qui a découvert dans le dashi un goût qui ne pouvait être attribué aux quatre goûts existants. Dans le cadre de ses recherches, il a identifié les cristaux bruns qui restaient après évaporation du dashi comme étant de l'acide glutamique. En les goûtant, il a retrouvé une saveur présente dans de nombreux aliments. Après avoir donné le nom d'umami à sa découverte, il a fait breveter la production en masse d'un sel cristallin d'acide glutamique, le glutamate monosodique. D'autres sources d'umami ont ensuite été découvertes : en 1913, Shintaro Kodama a découvert que c'est le composé chimique (inosinate) libéré par le katsuobushi (bonite séchée, fermentée et fumée) (voir tableau sur le dashi) qui relevait le goût umami du dashi. Ensuite, en 1957, Akira Kininaka a découvert que le guanylate, un composé présent dans les champignons shiitake séchés, contribuait également à la saveur umami. Au départ, les scientifiques occidentaux croyaient que seuls les Japonais pouvaient détecter l'umami et ne pensaient pas que c'était l'un des goûts de base. Mais la découverte, en 2000, d'un récepteur du goût umami dans les papilles humaines (appelé mGluR4 du goût) a garanti à l'umami sa position de cinquième goût.

Le dashi

Le dashi est utilisé dans la cuisine japonaise depuis plusieurs centaines d'années. Il est considéré comme le cœur de la cuisine japonaise et constitue la base de nombreuses soupes et sauces, comme les bouillons de viande (volaille, bœuf ou veau) dans la cuisine française.

Il existe cependant des différences fondamentales entre les bouillons occidentaux et le dashi. Tout d'abord, la saveur du dashi est beaucoup plus subtile et capture simplement l'essence de ses ingrédients, alors que la majorité des bouillons occidentaux ont des saveurs relativement prononcées et sont appréciés lorsqu'ils extraient au maximum la saveur de leurs ingrédients. Le dashi est apprécié non pas pour la force de sa saveur propre, mais pour la manière dont il met en valeur et accorde les saveurs d'autres ingrédients. La seconde différence réside dans la technique de préparation. Si les bouillons occidentaux sont préparés en faisant mijoter des légumes et de la viande dans de l'eau pendant une longue durée, le dashi est préparé avec des ingrédients arrivés lentement à maturité puis plongés dans de l'eau et chauffés rapidement à 60-65 °C pour en extraire les saveurs.

Assortiment de charcuterie préparé par Rob Ruban, chef cuisinier du restaurant Crossbar à New York.

Il existe plusieurs variétés de dashi, chacune se distinguant par l'association des ingrédients utilisés. L'ingrédient commun à tous les dashis est le kombu, une algue. Le kombu est principalement récolté entre juillet et septembre dans les eaux au large d'Hokkaido, au nord du Japon. Une fois rapporté sur le rivage, il est étalé pour sécher au soleil avant d'être rentré sous abri, où il est découpé en rubans. Certains types de kombu subissent d'autres traitements. Le kombu est ensuite stocké dans un sous-sol pendant près de dix ans (dans des conditions similaires à la conservation du vin) et le processus de maturation, appelé kuragakoi, se produit. Ce processus vise à faire augmenter la teneur en umami du kombu

Différents types de dashi

Ichiban dashi	Le plus prisé de tous les dashis, préparé avec du kombu et du katsuobushi (bonite séchée). Il a un parfum et une saveur doux et subtils.
Niban dashi	Plus prononcé que le ichiban dashi, il est préparé en utilisant les restes de kombu et de katsuobushi utilisés pour préparer celui-ci.
Niboshi dashi	Dashi fort, légèrement amer, préparé avec du kombu et des petits poissons séchés.
Shojin dashi	Dashi végétarien principalement composé de kombu et de champignons shiitake.

Bouillon dashi aux oignons verts, sésame et citronnelle.

La science de l'umami

Le goût savoureux associé à l'umami est dû au glutamate, un type d'acide aminé, et à des composés chimiques appelés ribonucléotides, comprenant l'inosinate et le guanylate, qui sont naturellement présents dans de nombreux ingrédients. Il existe deux formes de glutamate : lié (qui associé à d'autres acides aminés forme une partie de protéine) et libre (présent dans les plantes et tissus animaux).

Pour libérer le plus d'umami, la plupart des ingrédients crus doivent être traités afin de diviser les protéines en acides aminés libres et les acides nucléiques en nucléotides libres. Il existe plusieurs manières de libérer les composants umami : cuisson à l'eau bouillante, cuisson à la vapeur, braisage, rôtissage, salage, fumage, affinage, séchage et vieillissement. C'est toutefois la fermentation qui est la plus efficace.

La fermentation implique d'utiliser des levures et/ou bactéries dans des conditions anaérobies pour transformer les glucides en alcool et en dioxyde de carbone ou acides organiques. C'est le processus utilisé pour faire lever le pain avec de la levure et pour produire l'acide lactique nécessaire à la conservation des aliments acides comme le kimchi (plat coréen de chou en saumure) et le yaourt. La fermentation est également responsable de la transformation des sucres en éthanol lors de la production de boissons alcoolisées comme le vin et la bière. C'est pour cette raison que des chefs tels que René Redzepi (du restaurant Noma au Danemark) et David Chang (du groupe de restaurants Momofuku aux États-Unis, au Canada et en Australie) consacrent une grande partie de leur temps à étudier les processus de fermentation dans leurs cuisines-laboratoires.

L'un des points importants à propos de l'umami est que lorsque deux ingrédients riches en umami (ou davantage) sont utilisés ensemble, ils augmentent le goût umami d'ensemble. Cela explique les associations d'aliments classiques comme le parmesan avec les champignons et les tomates, la soupe de poulet et poireaux, et même les hamburgers au bœuf et ketchup.

Aliments riches en umami

FRUITS DE MER

- Kombu (type d'algue)
- Algues
- Katsuobushi (bonite séchée, fermentée et fumée)
- Copeaux de bonite séchés (type de poisson)
- Niboshi (petites sardines séchées)
- Bonite
- Maquereau
- Daurade
- Thon
- Morue
- Crevettes
- Encornet
- Huîtres
- Crustacés

VIANDE

- Jambon sec
- Canard
- Bœuf
- Porc
- Poulet

LÉGUMES

- Tomates
- Champignons shiitake
- Champignons enokitake
- Truffes
- Fèves de soja
- Pommes de terre
- Patates douces
- Chou chinois
- Carottes

AUTRES

- Parmesan
- Stilton (fromage anglais)
- Thé vert
- Sauce soja
- Sauce d'huîtres
- Œuf de poule
- Noix
- Sauce Worcestershire
- Lait maternel

la perception multisensorielle des saveurs

« La cuisine est probablement l'art le plus multisensoriel.
J'essaie de stimuler chaque sens. »

Ferran Adrià, chef cuisinier du restaurant El Bulli

La nourriture éveille tous nos sens, et manger est une activité multisensorielle qui engage le goût, l'odorat, la vue, l'ouïe et même le toucher. Ce chapitre étudie la manière dont les chefs modernes les plus reconnus travaillent main dans la main avec des scientifiques pour stimuler et aiguiser les sens de leurs clients, transformant leur repas en une véritable expérience.

Nos cinq sens

Chacun de nos cinq sens est pleinement engagé lorsque nous mangeons. Le processus débute avec la vue et l'odorat puisque nous voyons et sentons les aliments avant de les déguster. Rien qu'avec ces deux sens, nous commençons à émettre des suppositions et des jugements sur les plats que nous sommes sur le point de manger en nous référant au catalogue de souvenirs liés à la nourriture. Cela signifie que si un serveur vous apporte un bol de salade verte au lieu du steak à point que vous avez commandé, vous n'aurez pas besoin d'y goûter pour savoir qu'il s'est trompé. C'est en vous basant sur ces mêmes sens que vous constituez votre panier au supermarché (les produits emballés font davantage appel aux signaux visuels qu'olfactifs).

En règle générale, les sens suivants invoqués sont le toucher (kinesthésie) et le goût, qui recueillent les signaux sur la texture et le goût des aliments. C'est ce qui nous permet de déterminer si les aliments sont chauds ou froids, durs ou mous, amers, sucrés, acides, salés ou riches en umami, ou peut-être un peu de tout cela.

Notre ouïe recueille ensuite les sons que nous produisons en mâchant et en avalant. C'est elle qui nous dit que les chips sont suffisamment croustillantes et qui nous aide à souligner d'autres sensations sur la texture. Lors de tests réalisés au Département de psychologie expérimentale de l'Université d'Oxford, il a été démontré que plus les chips font un bruit croustillant, plus nous avons l'impression qu'ils sont « frais ». De même, notre perception du caractère gazeux d'un soda dépend de ce que nous entendons.

Qu'est-ce que la saveur ?

De nombreuses personnes confondent les termes « goût » et « saveur ». Notre sens du goût nous permet de détecter l'amer, le sucré, l'acide, le salé et l'umami (et même l'âcre, le piquant et le métallique), alors que notre odorat recueille des composés aromatiques.

La saveur est un mélange complexe de ces deux sens. Pour mettre en pratique cette idée, mangez un quartier d'orange tout en pinçant votre nez. Vous devriez pouvoir percevoir le goût sucré et d'autres sensations, mais pas la saveur particulière de l'orange. Et pour aller encore plus loin, bandez les yeux d'un cobaye consentant et faites-lui goûter différents aliments, le nez pincé, pour voir s'il parvient à deviner précisément ce qu'il est en train de manger. C'est d'ailleurs pour cette raison que nous disons que nous ne sentons pas le « goût » des aliments lorsque nous avons le nez bouché.

Cette expérience nous montre également que notre perception des saveurs est grandement influencée par l'odeur des aliments. En réalité, la manière dont nous percevons les saveurs dépend à près de 80 % de ce que nous sentons. Étudions donc d'un peu plus près notre sens de l'odorat.

Lorsque nous mangeons, une stimulation olfactive initiale se produit lorsque notre nez détecte des substances aromatiques (composés volatiles). Nous sentons donc l'arôme des aliments avant de les avoir en bouche. C'est la détection orthonasale. Ensuite, pendant que nous mangeons, une autre stimulation olfactive se produit par l'intermédiaire de la gorge lorsque, après avoir mâché, les nouveaux composés aromatiques libérés passent du fond de la bouche jusqu'au nez. C'est la détection rétronasale. Ces deux types de détection, orthonasale et rétronasale, influent sur la perception des saveurs.

Les arômes sont un élément essentiel de l'expérience multisensorielle que nous vivons avec la nourriture.

Neurogastronomie

Vous vous demandez certainement en quoi tout cela a à voir avec les chefs et les expériences dînatoires. Ces dernières années, des chefs ont travaillé avec des psychologues cognitifs et des neuroscientifiques intéressés par le sujet de la perception multisensorielle des goûts, en se disant qu'en accentuant ou en modifiant certains éléments d'un plat, par exemple sa saveur ou sa présentation, ils pouvaient améliorer l'expérience de dégustation du client et stimuler ses sens de manière unique.

Il y a 40 ans environ, des psychologues et neuroscientifiques cognitifs ont commencé à étudier la manière dont nos cerveaux traitent et associent les informations provenant de ce qu'ils voient, entendent et ressentent. Plusieurs études ont été menées sur des phénomènes, tels que le fait que l'on entend mieux une fois que l'on a mis ses lunettes, ou que l'on a l'impression que c'est la marionnette du ventriloque qui parle alors que nous savons que ce n'est pas vrai. Ces différentes recherches multisensorielles ont abouti à la découverte d'un certain nombre de règles fondamentales qui gouvernent la perception multisensorielle. L'une d'elles est que la vision est notre sens prédominant. Ainsi, dans le cas de la marionnette du ventriloque, nous pensons que c'est lui qui parle car ce sont ses lèvres qui bougent.

Ces dernières années, des neuroscientifiques se sont rendu compte que leurs découvertes pouvaient être utilisées pour contribuer à expliquer la perception des saveurs. Ils ont donc tourné leur attention vers le repas, expérience multisensorielle par excellence. De nombreux éléments corroborent la théorie selon laquelle les mêmes règles fondamentales s'y appliquent, et peuvent expliquer pourquoi un aliment ou une boisson a le goût qu'elle a et pourquoi ils peuvent sembler bons à quelqu'un et mauvais à quelqu'un d'autre.

Dans une expérience désormais considérée comme un classique du genre, des chercheurs ont coloré un vin blanc à l'aide d'un colorant rouge inodore et demandé à un groupe d'experts en vin de décrire son goût. Les spécialistes ont décrit le vin en utilisant des termes caractéristiques du vin rouge plutôt qu'avec des termes utilisés pour évaluer un vin blanc, ce qui suggère que la couleur a joué un rôle important dans la manière dont ils ont perçu le vin.

Reprenons l'exemple du ventriloque. Comme nous l'avons dit précédemment, nous avons l'impression que c'est sa marionnette qui parle car ce sont ses lèvres qui bougent, notre cerveau en tire cette conclusion car notre

L'expérience visuelle de la nourriture est tout aussi importante que son goût et son odeur : la présentation et des ingrédients frais et appétissants sont des éléments essentiels.

sens de la vue est prédominant. Un phénomène similaire se produit lorsque nous mangeons. Notre sens du goût détecte les cinq goûts principaux par la langue, alors que la majorité de ce qui crée la saveur des aliments passe par l'odorat : notre nez est capable de détecter et de distinguer jusqu'à 10 000 différentes odeurs. Alors pourquoi percevons-nous la saveur par la bouche plutôt que par le nez ? Lorsque nous consommons les aliments, ils se trouvent dans notre bouche, où nous mâchons et avalons. Nous avons donc la sensation que toutes les saveurs associées proviennent de la bouche.

Le professeur Charles Spence, directeur du Laboratoire de recherche crossmodale du Département de Psychologie expérimentale de l'Université d'Oxford, est l'un des plus grands chercheurs en neurogastronomie. Il a réalisé des tests pour déterminer scientifiquement s'il était possible d'améliorer le goût ou la saveur d'un plat en l'associant à la manière dont il est présenté et son support. Ses recherches ont montré qu'une mousse à la fraise est perçue comme étant 10 % plus sucrée lorsqu'elle est servie sur une assiette blanche plutôt que noire ; que le fait de servir des aliments sur des cuillères en matériaux différents influençait la manière dont ils sont perçus, et que même la forme des assiettes pouvait modifier notre perception d'un plat.

Exemples

Ferran Adrià : « *Je dis toujours que la tortilla aux œufs et aux pommes de terre de ma mère est ma préférée car elle touche un point essentiel : la valeur sentimentale prévaut.* »

En plus de ses recherches en laboratoire, le professeur Charles Spence a travaillé avec des chefs du monde entier et développé des idées qui ont enrichi ce domaine d'études et amélioré l'expérience des clients de nombreux restaurants. Ses travaux avec Heston Blumenthal, chef du Fat Duck en Angleterre, ont abouti à la création de nombreux plats qui sont désormais des symboles de l'innovation culinaire, notamment la « Glace aux œufs et au lard fumé » et les « Bruits de la mer ».

La Glace aux œufs et au lard fumé, aujourd'hui tristement célèbre, était au départ un bon plat. Mais pour un restaurant tel que le Fat Duck, « bon » n'était pas suffisant, il devait être exceptionnel. Le problème de ce plat était

Ces petits canapés sensoriels de légumes font appel à tous les sens.

que les deux saveurs principales de la glace ne se distinguaient pas suffisamment l'une de l'autre. Plusieurs essais ont été réalisés jusqu'à l'illumination : l'ajout d'un morceau de pain frit croustillant. Le pain en lui-même n'apportait pas grand-chose en terme de saveur, mais dans l'esprit du mangeur, il « ventriloquait » le lard fumé. En effet, nous associons son côté croustillant au croustillant du lard fumé. Cela donnait l'impression qu'il prenait la saveur du lard fumé alors que celle de l'œuf restait dans la glace, à la texture plus appropriée.

Le plat « Bruits de la mer » est constitué de plusieurs morceaux de poisson séché servis avec des légumes de mer, du sable comestible (fait avec de l'amidon de tapioca) et une mousse à base d'algues. Le plat est présenté de manière à rappeler le bord de mer et l'écume qui s'écrase sur le rivage. Pour renforcer cette expérience de bord de mer, un iPod (caché dans un coquillage) jouant des morceaux de « bruits de la mer » (cris de mouettes, bruits de vagues, etc.) est confié aux convives. Ce détail auditif n'est pas qu'un artifice rajouté après-coup. C'est un détail qui implique réellement l'ouïe des convives ce qui, ajouté aux signaux visuels et aux saveurs aquatiques, renforce l'expérience multisensorielle !

L'idée d'ajouter un fond sonore lors de la dégustation des « Bruits de la mer » est le résultat de plusieurs tests réalisés par Blumenthal et Spence, lors desquels ils étudiaient les réactions de personnes dégustant des huîtres tout en écoutant des bruits de mer ou des bruits de basse-cour. Les participants ont remarqué que les huîtres avaient bien meilleur goût lorsqu'ils écoutaient les bruits de mer plutôt que les bruits de basse-cour. D'autres tests ont montré que les participants distinguaient mieux le goût du lard fumé de la Glace aux œufs et au lard fumé lorsqu'ils écoutaient le bruit du lard en train de frire que lorsqu'ils écoutaient des bruits de basse-cour (qui semblaient accentuer le goût d'œuf/produit laitier de la glace).

Ces exemples montrent l'importance qu'ont tous nos sens lorsque nous mangeons, et que si l'on veut créer des plats qui touchent et restent en mémoire, il est parfois nécessaire d'avoir plus que de bons ingrédients et un cuisinier expérimenté. En y réfléchissant, vous vous rendrez compte que la satisfaction que vous tirez d'un repas dépend fortement d'éléments multisensoriels : est-ce que vous apprécieriez autant un repas de restaurant étoilé au Guide Michelin si vous deviez le déguster dans une assiette en carton avec des couverts en plastique au lieu de l'argenterie, ou si votre table se trouvait à côté d'un chantier bruyant plutôt que dans une salle calme ? Et qu'en est-il des personnes avec qui vous partagez le repas ? Il est très probable qu'un repas pris avec un être cher dans une petite brasserie sera meilleur qu'un repas avec votre pire ennemi dans un grand restaurant.

La prochaine fois que vous préparez le dîner, prenez quelques instants pour réfléchir à la manière d'ajouter quelques détails mémorables et touchants pour vos invités.

Incohérence sensorielle

Nous associons un certain nombre d'attentes et de perceptions aux stimulis sensoriels que nous recevons, en fonction du catalogue d'expériences que nous gardons en mémoire. Le plaisir apporté par la nourriture dépend fortement du fait que tous les attributs sensoriels soient corrects. Des plats peuvent nous surprendre simplement car ils sont servis à la mauvaise température ou n'ont pas la bonne couleur. Lorsque nous commandons un steak, nous avons certaines attentes : il doit être chaud et avoir une apparence, un goût et une odeur précis. Si l'on nous servait un steak de couleur bleue, il y aurait immédiatement un conflit entre nos attentes (liées à nos souvenirs de ce à quoi doit ressembler un steak) et le steak bleu posé devant nous. Mais que se passerait-il en le mangeant ? Aurait-il le même goût ?

Cette expérience a été réalisée dans les années 1970 pour en savoir plus sur l'influence de la couleur sur notre appétit. Il va sans dire que les participants ont indiqué se sentir plutôt mal une fois que les lumières ont été allumées et qu'ils ont vu que leurs steaks étaient bleus !

Cette expérience met en évidence l'incohérence sensorielle, qui se définit par le fait de dissocier volontairement les attributs sensoriels d'un produit (Spence & Piqueras, 2011). Mais cet exemple montre une manière plutôt négative d'utiliser la manipulation. Cette dissociation sensorielle peut heureusement être employée de manière très intéressante. Citons l'exemple de la « Gelée d'orange et de betterave » du chef Heston Blumenthal. Deux cubes de gelée, l'un de couleur orange et l'autre rouge profond, sont servis sur une simple assiette blanche. Le client s'attend à ce que chacune des gelées corresponde aux souvenirs et associations d'idées habituelles, c'est-à-dire que le cube orange ait le goût d'orange et que le cube rouge ait le goût de betterave. Les clients sont alors invités à goûter d'abord la gelée orange, et se rendent compte qu'elle a le goût de betterave, puis sont surpris de constater que le cube rouge a le goût d'orange ! Cette illusion est créée en utilisant des oranges sanguines pour préparer la gelée rouge et de la betterave jaune pour préparer la gelée orange. La technique est ultrasimple pour un résultat grandiose puisque ce plat a touché profondément les invités et surpris leurs palais.

La leçon à retenir ici est que la dissociation sensorielle peut stimuler l'esprit, nous défier et nous impliquer différemment pour créer une expérience mémorable. Il faut cependant que la manipulation soit effectuée avec soin et réflexion afin de provoquer la bonne réaction, comme avec la Gelée d'orange et de betterave, plutôt que de dégoûter le client, comme avec le steak bleu.

flavour tripping (tromperie gustative)

Dans ce chapitre, je vais vous parler du *synsepalum dulcificum*. Non, ne refermez pas ce livre pour continuer à cuisiner des plats traditionnels de votre grand-mère ! Poursuivez votre lecture. Vous allez découvrir un ingrédient incroyable qui pourrait complètement bouleverser votre expérience gustative !

Le *synsepalum dulcificum* est plus connu sous le nom de « fruit miracle » ou « baie miracle » et ressemble à une canneberge. Quand elle est consommée, cette baie inhibe la capacité à percevoir l'acidité d'un aliment. Tout paraît alors sucré ! Après avoir croqué la chair de ce fruit, vous pouvez manger des citrons qui auront le goût de bonbons, boire une bière brune qui vous rappellera un lait au chocolat, ou du vinaigre de cidre qui aura le goût de jus de pomme !

Bien qu'on ne trouve pas ce fruit miracle dans tous les magasins, il est possible de s'en procurer auprès de fournisseurs spécialisés. Bien heureusement, la miraculine (la substance chimique présente dans la baie, responsable de la « tromperie » des papilles pour leur faire ressentir un goût sucré au lieu de l'acide) peut être achetée sous forme de comprimés sur Internet. Il est important de signaler que la miraculine n'est pas une drogue et qu'elle n'affecte pas l'esprit. Elle modifie simplement la manière dont les papilles gustatives détectent l'acidité, pendant trente minutes à une heure, puis vous grimacerez à nouveau lorsque vous mordrez dans un citron. Elle est vendue légalement aux États-Unis, au Royaume-Uni, en France et dans la plupart des pays.

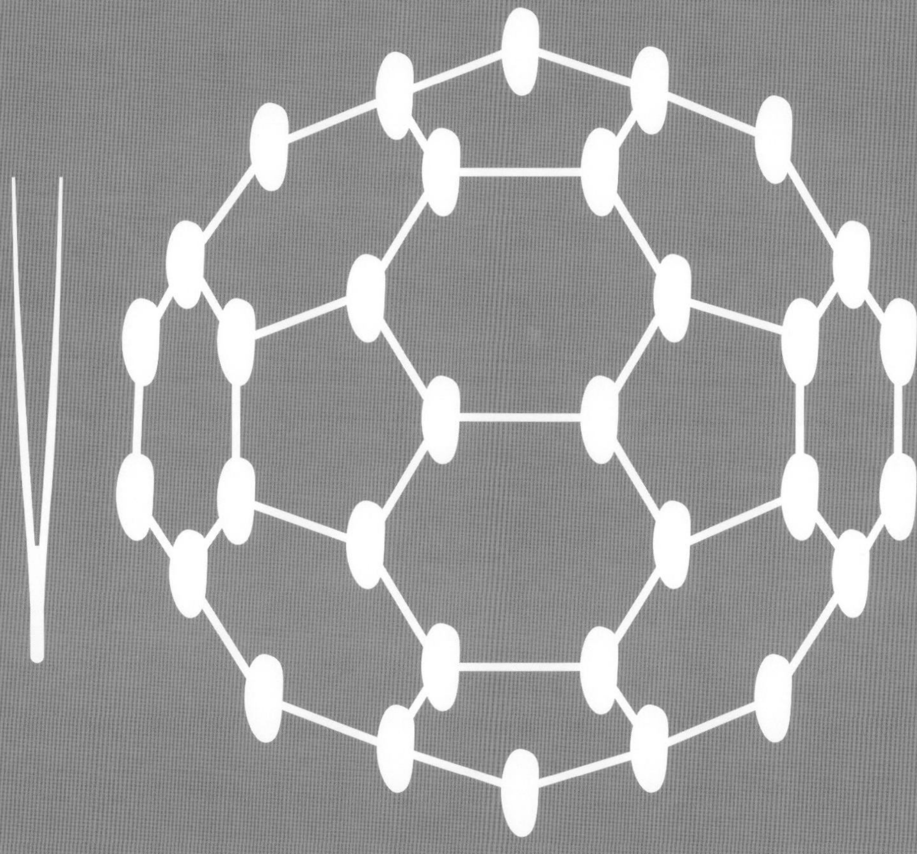

Histoire

Le fruit miracle est consommé depuis des siècles. Il provient d'Afrique de l'Ouest, où il a été découvert en 1725 par l'explorateur Chevalier des Marchais qui effectuait un voyage pour découvrir de nouveaux fruits. Il a constaté que les tribus locales consommaient cette baie avant chaque repas. La majorité des aliments qu'ils mangeaient étaient insipides et manquaient de saveur. En mangeant d'abord une baie, leur repas devenait une expérience agréable et pleine de saveurs. Mais c'est au 20e siècle que notre histoire avec le fruit miracle débute.

Dans les années 1960, Robert Harvey, diplômé en recherche biomédicale, s'est intéressé à la baie miraculeuse, pensant qu'elle pourrait permettre de guérir des problèmes de santé comme le diabète et l'obésité. Il désirait créer des aliments au goût sucré ne contenant ni sucres ni édulcorants. Il a créé la Miralin Company pour cultiver la baie en Jamaïque et à Puerto Rico, extraire son ingrédient actif dans ses laboratoires du Massachusetts et le vendre dans tous les États-Unis.

Des tests auprès de consommateurs ont montré que les aliments sucrés grâce au fruit miracle étaient meilleurs en terme de saveur que ceux utilisant du sucre. Cependant, la Food and Drug Administration (FDA), qui avait soutenu le produit et laissé croire à Harvey qu'il serait classifié comme « reconnu comme sûr », a décidé qu'il s'agissait d'un additif alimentaire et qu'il devait subir plusieurs années d'essais avant d'être considéré comme sûr. Apparemment, aucun élément empirique ne montrait que la baie pouvait être dangereuse de quelque manière que ce soit, et une série d'incidents étranges aurait entraîné la décision de la FDA. Certains pensent que les allégations faites contre l'industrie du sucre auraient pu conduire au sabotage du projet afin de garantir la demande en sucre par l'industrie agroalimentaire.

De nombreuses personnes ont fait l'expérience de cette « tromperie gustative » depuis les années 1970 en prenant les comprimés miraculeux. Ce phénomène connaît un renouveau et des soirées « flavour tripping » sont organisées un peu partout dans le monde. Certains chefs modernistes y ont même prêté attention, notamment Homaro Cantu du restaurant Moto de Chicago, qui a utilisé le fruit miracle dans son premier livre de cuisine, *The Miracle Berry Diet Cookbook* (Livre de cuisine de régime avec le fruit miracle). À Tokyo, le Miracle Fruits Cafe propose des desserts à 100 calories maximum. Leur proposition est en réalité assez insipide et les saveurs très subtiles, mais après avoir mangé le fruit miracle, ils se transforment en délicieux plaisirs sucrés.

Principes scientifiques sous-jacents

Le fruit miracle contient de la miraculine, une glycoprotéine avec quelques chaînes de glucides. Cette protéine modifie les récepteurs du goût en se liant aux papilles gustatives et en empêchant la détection de l'acidité. Elle confère un goût sucré aux aliments lorsqu'elle est en contact avec des acides, transformant ainsi les aliments amers et acides en aliments sucrés. À pH neutre, elle se lie aux récepteurs et les bloque, mais à pH faible (résultant de l'ingestion d'aliments acides), elle se lie aux protons et peut alors activer les récepteurs du sucré, provoquant la perception du goût sucré. Cet effet dure généralement entre 30 minutes et 2 heures.

Le fruit miracle est assez cher car il s'abîme rapidement. Un importateur japonais congèle les baies séchées afin de les conserver. Encore plus surprenant, en 2006, un chercheur japonais a annoncé avoir modifié génétiquement

Le « fruit miracle » ressemble à une canneberge.

de la laitue pour qu'elle produise de la miraculine. Si elle pouvait être produite sous d'autres formes que le fruit miracle, ses utilisations pourraient être développées.

La curculine (présente dans le fruit d'une plante malaisienne) est une autre protéine semblable à la miraculine. En plus de donner un goût sucré à des aliments acides, elle renforce le goût sucré d'autres aliments. Leur principale différence est que les effets de la curculine semblent durer moins longtemps que ceux de la miraculine. Pour les scientifiques, cela serait dû à la présence dans notre salive de substances qui suppriment les effets de la curculine.

Flavour Tripping (tromperie gustative)

Comme nous l'avons dit précédemment, il est probablement plus facile de se procurer des comprimés de miraculine que le fruit miracle lui-même. Laissez le comprimé se dissoudre dans votre bouche en le faisant glisser autour de votre langue. Ne le croquez pas et ne l'avalez pas entier, il n'aurait plus aucun effet. Une fois le comprimé totalement dissous, vous pouvez commencer à manger ! Voici une liste d'aliments à goûter de préférence :

- le citron, le pamplemousse et le citron vert sont particulièrement intéressants car leur acidité très forte fait vraiment ressortir le sucré.
- les fruits frais comme l'ananas, le melon, les fraises, les myrtilles et les framboises. Leur goût sucré et leurs saveurs sont délicieusement rehaussés.
- les carottes et d'autres légumes-racines peuvent être transformés et avoir une saveur beaucoup plus sucrée qu'habituellement.

Les agrumes développent toute une série de nouvelles saveurs lorsque vous êtes trompé avec le fruit miracle.

food pairing (associations de saveurs)

Traditionnellement, le Food Pairing consiste à identifier les ingrédients qui vont bien ensemble puis à utiliser cette information pour créer un plat. Un très grand nombre d'accords classiques ont été découverts grâce à des essais, des erreurs et une bonne dose d'intuition, notamment le basilic et la tomate, la pomme et le porc, le concombre et la menthe, le lard fumé et le fromage, l'agneau et le romarin, la pomme et la cannelle, l'aneth et le poisson, le café et le chocolat… et la liste continue.

Cependant, les chefs modernes étant plutôt adeptes des méthodes scientifiques et des raisonnements, le processus du Food Pairing suit de plus en plus une démarche scientifique.

La science des associations de saveurs

Afin de bien comprendre la science des associations de saveurs, faisons un court résumé de la manière dont nous percevons les saveurs (voir page 206). Nous utilisons pour cela deux de nos sens : le goût, qui nous permet de détecter le salé, l'acide, le sucré, l'amer et l'umami ; et l'odorat, qui nous permet de détecter les composés aromatiques desquels nous sommes capables de distinguer jusqu'à 10 000 odeurs différentes. Ces deux sens ne participent pas de manière égale dans notre perception des saveurs car près de 80 % de celle-ci provient de l'odeur des aliments.

D'un point de vue scientifique, si deux aliments possèdent un ou plusieurs composés aromatiques en commun, ils doivent bien s'accorder et peut-être même se compléter l'un l'autre, et plus des aliments ont de composés communs, mieux ils doivent s'accorder.

C'est Heston Blumenthal, chef du Fat Duck en Angleterre, qui a fait découvrir cette hypothèse et qui a initié cette tendance à associer les saveurs dans le monde de la cuisine. Tout a commencé avec ses expériences sur le chocolat blanc. Blumenthal savait qu'une pincée de sel relevait la saveur du chocolat blanc et contrebalançait son côté sucré, mais il se demandait si cet effet pouvait être obtenu avec d'autres ingrédients « salés ».

Il a fait plusieurs essais avant de parvenir à l'association unique et complémentaire du chocolat blanc et du caviar. Satisfait par ce résultat, il s'est ensuite attelé à découvrir pourquoi ces deux aliments allaient si bien ensemble. Il a donc demandé l'aide de François Benzi, de chez Firmenich, la plus grande entreprise privée au monde spécialisée dans les arômes. Benzi avait déjà étudié la question des associations de saveurs, et lors de l'un des premiers ateliers internationaux de gastronomie moléculaire, il avait émis l'hypothèse que le jasmin et le foie de porc pourraient bien se marier car ils contiennent tous deux de l'indole (un composé organique aromatique).

Ensemble, Blumenthal et Benzi ont comparé le chocolat blanc et le caviar et découvert qu'ils avaient plusieurs composés aromatiques majeurs en commun. Leur hypothèse est donc née de là. Blumenthal s'est ensuite attelé à découvrir d'autres associations de saveurs uniques en achetant la base de données Volatile Compounds in Food (Composés volatiles des aliments, base de données contenant des informations sur plus de 7 000 molécules présentes dans plusieurs centaines d'ingrédients différents) et le livre de Steffen Arcander, *Perfume and Flavor Materials of Natural Origin* (Parfums et matériaux aromatiques d'origine naturelle). Grâce à ces outils, Blumenthal a pu créer des accords nouveaux, notamment le chou-fleur caramélisé au cacao, la fraise et la coriandre, la mangue et la violette, le chocolat et le poivre rose, le chocolat et l'anguille fumée, le saumon et la réglisse et les huîtres et le fruit de la passion.

Cette hypothèse ouvre la voie à de nombreuses possibilités d'associations, basées uniquement sur les composés aromatiques. Cette manière de réfléchir sans barrières a conduit des chefs du monde entier à créer des plats nouveaux, aux saveurs uniques, qui balaient toutes les restrictions et influences de la tradition.

Cette hypothèse s'est confirmée lors de tests sur des associations de saveurs traditionnelles : le basilic et les tomates, tout comme le lard fumé et le fromage, ont des composés aromatiques communs.

Il faut également mentionner un autre élément important. En 2011, une étude réalisée à Harvard par Yong-Yeol Ahn sur les liens entre les ingrédients et les saveurs de 56 000 recettes a montré que cette hypothèse sur les associations de saveurs se tient pour l'Europe occidentale et l'Amérique du Nord, mais qu'en Europe du Sud et en Asie de l'Est, un principe inverse semble être à l'œuvre !

Méthodologie des associations de saveurs

Vous vous demandez probablement de quelle manière les aliments sont analysés afin d'être associés. Tout d'abord, les composés aromatiques sont identifiés par chromatographie en phase gazeuse et mesurés par un spectromètre de masse. Cette analyse permet de déterminer les substances odorantes principales des aliments. La majorité des aliments possède plusieurs milliers de composés aromatiques. La plupart ne peuvent pas être détectés par l'homme (ils sont inférieurs au niveau permettant de sentir les arômes). Les substances odorantes principales sont celles que nous parvenons à sentir. Elles composent le profil aromatique des aliments, profil qui est ensuite comparé aux plusieurs centaines de profils d'autres aliments dans une base de données. Les aliments ayant des substances odorantes principales en commun sont surlignés, et c'est alors aux chefs de trouver une manière innovante de les rassembler dans un plat spectaculaire.

Vous vous demandez certainement comment vous allez faire pour mettre en pratique ces associations de saveurs dans votre cuisine ? Heureusement, il existe de plus en plus de sites Internet proposant des services gratuits ou par abonnement qui permettent d'avoir accès à une base de données de plus en plus complète sur les associations de saveurs. Faites une recherche sur Internet et amusez-vous !

Saumon et réglisse, un mariage de saveurs innovant.

la présentation des aliments

Dans le chapitre 15, nous avons étudié l'importance de la perception multisensorielle des saveurs, c'est-à-dire la manière dont nos cinq sens influent sur notre perception des saveurs, et nous avons indiqué que la vue est notre sens dominant. Elle est primordiale, même lorsque nous mangeons, car elle nous sert à émettre toutes sortes de jugements sur un aliment avant même de saisir couteau et fourchette. De nombreuses cultures disent que l'on « mange d'abord avec les yeux ». Cette idée n'est devenue populaire dans les cuisines occidentales que depuis quelques décennies, mais elle est fondamentale dans d'autres pays, notamment au Japon.

Comme toute forme d'art, la cuisine permet de s'exprimer. Les plus grands chefs au monde ont tous un style personnel, qu'il soit naturel, organique et rustique ou moderne, minimaliste et scientifique. Ces styles s'affinent tout au long de leurs carrières, et comme n'importe quel chef vous le dirait, leur style évolue et se développe constamment pour intégrer de nouvelles influences, qu'il s'agisse de celle d'autres chefs, de nouvelles techniques, de voyages vers de nouvelles destinations et de découvertes d'autres cultures, ou même d'autres formes d'art. Ainsi, au 18e siècle, certaines des pièces montées de Marie-Antoine Carême (imposantes et décoratives) étaient influencées par des monuments historiques.

N'hésitez pas à exprimer votre personnalité à travers votre cuisine et à développer votre style personnel en fonction de ce qui vous passionne. N'oubliez pas toutefois qu'il est important de maîtriser d'abord les bases car ce sont ces solides fondations qui vous permettront de construire et de créer votre propre style.

L'art et la philosophie de la présentation dans la cuisine japonaise

Impossible de parler de la présentation des plats sans évoquer la cuisine japonaise. Les Japonais ont inspiré le reste du monde, en mettant l'accent sur l'importance de l'équilibre et de la simplicité esthétique.

La présentation est une question philosophique pour les chefs japonais, liée à la saison et à l'occasion pour laquelle ils cuisinent. Les saisons sont très distinctes au Japon, en termes de météo et de produits disponibles. Chaque saison offre aux chefs un éventail de produits différents à travailler. Les chefs accordent également beaucoup d'importance à la vaisselle qui doit évoquer les saisons : les couleurs claires et les dessins de fleurs sont utilisés au printemps, et les couleurs plus sombres et les dessins de feuilles en automne. Il existe sept méthodes de présentation des plats dans la cuisine japonaise, que les chefs choisissent en fonction des ingrédients et de la vaisselle :

1. Sugimori : disposition verticale ou légèrement inclinée
2. Hiramori : motif réalisé à plat avec des tranches de sashimi disposées verticalement
3. Yamamori : présentation en forme de mont
4. Tawamori : blocs de nourriture disposés pour former une pyramide
5. Yosemori : les éléments sont rassemblés
6. Chirashimori : les éléments sont rassemblés mais espacés
7. Ayamori : les éléments sont intercalés

Les couleurs sont également importantes pour refléter la saison dans l'assiette. Le blanc pour l'hiver ; le rose et le vert pour le printemps ; le rouge, le vert ou le violet pour l'été ; l'orange et le jaune pour l'automne. Le rouge et le doré peuvent être utilisés pour des occasions particulières, tandis que l'argent et le noir sont liés au deuil.

La cuisine japonaise a radicalement influencé la cuisine occidentale, et ce de plusieurs manières. En 1960, Shizuo Tsuji a ouvert la première école de cuisine française au Japon, donnant lieu à de plus grands échanges culinaires entre les chefs japonais et les meilleurs chefs français. À la même époque, certains des chefs français les plus influents commençaient à s'intéresser sérieusement à la cuisine japonaise, notamment le légendaire Paul Bocuse. Jusque-là, la cuisine française était plutôt riche et lourde, et sans attrait visuel. La présentation française consistait à montrer tous les ingrédients côte à côte, ou à les empiler en posant l'ingrédient principal sur un lit de légumes. Dans leur volonté de raffiner la cuisine française pour la transformer en ce que nous appelons aujourd'hui « nouvelle cuisine », ces chefs français se sont intéressés à des aliments inhabituels et exotiques, et la cuisine japonaise a fait travailler leur imagination. Différents éléments de la nouvelle cuisine sont fortement inspirés de la cuisine japonaise, notamment l'accent sur la présentation, la saisonnalité et la simplicité dans l'assiette. Par ailleurs, on retrouve l'influence directe du Kaiseki, repas traditionnel japonais composé de nombreux petits plats, dans les menus dégustations de la plupart des meilleurs restaurants au monde.

Éléments de présentation

Certains chefs aiment utiliser de grandes assiettes blanches pour « encadrer » et mettre leurs plats en valeur. Le plus important est de veiller à ce que les portions soient adaptées à la taille de l'assiette. En effet, il est tout aussi peu appétissant d'avoir un tas de nourriture empilé sur une assiette que de ne pas y voir suffisamment d'aliments. Sans compter que cela peut gâcher l'effet du plat.

Les petites portions sont généralement plus intéressantes à combiner, et peuvent être plus élégantes et

appétissantes. Mais ne retombez pas dans le stéréotype de la nouvelle cuisine des années 1980 où une carotte et un petit pois étaient perdus au centre d'une grande assiette blanche. Si vous décidez de servir de petites portions, il faudra ajouter davantage d'ingrédients et de détails au plat. Cela peut aussi signifier servir quatre petits plats plutôt que les trois portions habituelles.

Faites également attention à l'équilibre des proportions des différents aliments. Il ne doit pas y avoir trop de mousse, de purée ou de sauce dans votre assiette. Leur quantité doit être proportionnelle à celle des autres éléments.

Réfléchissez aussi à l'effet de chaque ingrédient. L'apparence et la symétrie d'un plat sont influencées par la manière dont un ingrédient est coupé (finement, en tranches épaisses, laissé entier, etc.).

Concentrez-vous sur les couleurs vives. Lorsque vous concevez un plat, assurez-vous évidemment que vos ingrédients se marient bien ensemble, mais faites aussi en sorte qu'ils apportent des textures et couleurs différentes, qu'elles soient complémentaires ou contrastantes. C'est un élément essentiel à l'équilibre d'un plat. Sur une assiette blanche, chou-fleur et pomme de terre paraîtront fades alors que carottes et betteraves ressortiront.

Utilisez des ingrédients de saison. Ils seront meilleurs et plus jolis !

Hauteur. À ne pas confondre avec le fait d'empiler les aliments de manière ridicule, présentation vue et revue, démodée, qui a suffisamment fait parler d'elle. Le fait d'ajouter de la hauteur à votre plat est important car cela lui confère une autre dimension. Des herbes ou des garnitures comme des chips de parmesan ou de lard fumé sont idéales à cet effet.

Pour certains plats, l'utilisation de moules est très utile pour créer des formes qui restent en place une fois les moules retirés. Les chefs professionnels les utilisent beau-

coup pour créer des plats d'apparence plus moderne. Mais il ne faut pas en abuser ! Le résultat doit rester naturel, fluide. Les aliments de forme géométrique ne sont pas très appétissants, et une accumulation dans l'assiette aura tendance à détourner l'attention du goût du plat.

La répétition de nombres impairs est une règle fondamentale dans le design, au-delà de la cuisine, et il est vrai que le résultat est plus joli. Si vous disposez plusieurs morceaux d'un même aliment sur une assiette, mettez-en trois ou cinq. Par exemple, servez trois petites ravioles pour une entrée ou cinq grandes s'il s'agit du plat de résistance.

Assurez-vous de préparer les aliments adaptés à l'occasion. Une tourte et de la purée de pommes de terre ont bon goût, mais il est quasiment impossible de les présenter de manière suffisamment raffinée pour un dîner de gala tout en conservant leurs caractéristiques.

En matière de présentation, les tendances évoluent et passent de mode... Alors prenez les devants en regardant des émissions, en lisant des magazines de cuisine et, surtout, en surfant sur Internet et en consultant les sites des meilleurs chefs et restaurants pour voir ce qu'ils proposent.

Les Japonais utilisent de la vaisselle dépareillée pour chaque plat, au contraire de l'Occident où nous avons l'habitude d'utiliser un service assorti. C'est un concept intéressant qui permet de faire correspondre les assiettes ou bols à chacun des plats servis. Si votre salade d'entrée ressort mieux sur une assiette blanche, ce n'est pas le cas de la glace à la vanille qui sera mise en valeur dans une coupe noire. Le choix de vaisselle est incroyable de nos jours : cherchez par exemple dans les épiceries asiatiques et orientales, les brocantes, les magasins d'antiquités. Une autre bonne idée consiste à évider des petits pains pour en faire des bols de soupe, ou à servir dans des coques de noix de coco, des feuilles de bananier ou des coquilles de noix de Saint-Jacques. Considérez la vaisselle comme par-

tie intégrante de votre plat et n'ayez pas peur de la désassortir tant que cela est cohérent et met en valeur les plats.

Une dernière règle est essentielle et doit être respectée absolument : la présentation ne doit pas nuire au goût ou à la température du plat ni le rendre moins pratique à déguster.

glossaire

Bm — Bain-marie
Bassin d'eau à température contrôlée utilisé pour faire cuire des aliments emballés sous vide.

Cg — Cartouche de gaz
Les siphons peuvent être utilisés avec des cartouches de N_2O ou de CO_2 pour créer respectivement des préparations aériennes ou pétillantes.

De — Déshydratation
La déshydratation est une technique qui consiste à faire sécher des aliments à température relativement basse (aux alentours de 80 °C ou moins).

Gt — Goût
Ce sens nous permet de détecter l'amer, le sucré, l'acide, le salé et l'umami (ainsi que l'âcre et le piquant).

Ma — Réaction de Maillard
« Caramélisation » ou « brunissement », la couleur brune que prennent les aliments lorsqu'ils sont grillés ou frits aux alentours de 150 °C.

Mi — Mixeur plongeant
Ou pied mixeur. Ustensile que l'on trouve de plus en plus dans toutes les cuisines.

Ci — Circulateur à immersion
Appareil qui fait circuler et chauffer un fluide à une température stable et précise, plus sophistiqué qu'un bain-marie.

Gl — Gel
En masse, les gels sont principalement des liquides, mais ils se comportent comme des solides. Ils ont la consistance et la texture de la gelée.

Hy — Hydrocolloïde
Un hydrocolloïde est une substance qui, au contact de l'eau, forme un gel, épaissit et se stabilise.

Mc — Mousse culinaire
Liquide (jus, purée, bouillon, soupe) mélangé à un agent gélifiant ou stabilisant et aéré avec un mixeur plongeant ou siphon à cartouche de gaz.

Mg — Transglutaminase
La transglutaminase est une enzyme naturelle permettant de lier des tissus animaux. On l'appelle aussi « colle à viande ».

Gm — Glutamate monosodique
Également appelé GMS, c'est le sel de sodium de l'acide glutamique, l'un des acides aminés naturels non essentiels les plus abondants.

				Perception multisensorielle des saveurs **Pm** Domaine d'étude de la manière dont nous percevons, goûtons et interagissons aves les aliments.
PolyScience **Ps** Société américaine qui a conçu des appareils de cuisine innovants pour les chefs les plus avant-gardistes et intéressés par la science.	Sphérification **Sf** Technique culinaire consistant à manipuler des liquides aromatisés afin de former des sphères constituées d'une fine membrane renfermant le liquide.	Sol **So** Un sol est une suspension colloïdale de très petites particules solides dans un milieu liquide continu. Exemple : le lait, l'encre, le sang.	Température à cœur **Tc** Une viande doit atteindre une température interne précise afin de pouvoir être consommée en toute sécurité.	Thermomètre à sonde digital **Th** Thermomètre digital muni d'une sonde permettant de mesurer précisément la température interne/ à cœur d'un aliment.
Saveur **Sa** La saveur est une combinaison complexe de nos sens du goût et de l'odorat.	Siphon **Si** C'est l'équivalent réutilisable de la bombe de crème Chantilly.	Sous vide **Sv** En cuisine, désigne le fait de faire pocher des aliments emballés sous vide d'air dans des sachets scellés.		

index

Les nombres en italiques renvoient à des illustrations